21 世纪教学活动设计案例精选丛书

初中科学教学活动设计案例精选

丛书主编　禹　明
本册主编　陈　坚

图书在版编目(CIP)数据

初中科学教学活动设计案例精选/禹明丛书主编. —北京:北京大学出版社,2012.3
(21世纪教学活动设计案例精选丛书)
ISBN 978-7-301-20244-9

Ⅰ.①初… Ⅱ.①禹… Ⅲ.①中学科学课－教学设计－初中 Ⅳ.①G633.602

中国版本图书馆 CIP 数据核字(2012)第 021976 号

书　　名:	初中科学教学活动设计案例精选
著作责任者:	禹　明　丛书主编　陈　坚　本册主编
策　　划:	周雁翎
责 任 编 辑:	刘　军
标 准 书 号:	ISBN 978-7-301-20244-9/G · 3337
出 版 发 行:	北京大学出版社
地　　址:	北京市海淀区成府路 205 号　100871
网　　址:	http://www.pup.cn　新浪官方微博:@北京大学出版社
电 子 信 箱:	zyl@pup.pku.edu.cn
电　　话:	邮购部 62752015　发行部 62750672　编辑部 62767346　出版部 62754962
印 刷 者:	北京富生印刷厂
	787 毫米×1092 毫米　16 开本　12.75 印张　260 千字
	2012 年 3 月第 1 版　2014 年 4 月第 3 次印刷
定　　价:	27.00 元

未经许可,不得以任何方式复制或抄袭本书之部分或全部内容。
版权所有,侵权必究
举报电话:(010)62752024　电子信箱:fd@pup.pku.edu.cn

序

朱慕菊

当今世界正在发生着深刻的变化。社会的发展决定了教育必须跟上时代的步伐,因此,教育必须朝着适应未来的方向进行深刻的变革。自2001年9月启动我国新一轮基础教育课程改革以来,中小学的课堂里正在发生着质的变化,课程改革的理念已在基础教育改革的实践中得到广泛认同。

课堂教学设计是教学中的一个重要环节,是教学的目的性、过程性、科学性与艺术性的统一,不但需要深厚的教育理论作支撑,而且需要适切运用丰富多样的教学方法和教学技术。本丛书编写者长期以来坚持以新课程的理念为指导,对课堂教学进行了深入的探索,获得了有益的经验。

第一,在教育理论与实践的结合上进行了有益的探索。长期以来,教师们普遍认为系统而复杂的教学理论不易被有效地运用于课堂教学中。而在新课程推进过程中,教师们努力学习新课程所倡导的教学理论,并积极探索与实践的结合,特别注重把教学理论和研究成果运用于实际教学,指导教学工作,同时也注重将教师的教学经验总结上升到理论层面。事实证明,理论必须与实践不断结合才能为教师所掌握和运用;同样,也只有经常性地反观课堂教学实践,对其进行深度思考与梳理,才能使教学认识上升到理性的高度。这套《21世纪教学活动设计案例精选丛书》正是积极探索教育理论与实践相结合的产物。

第二,在教师的专业发展上进行了有益的探索。新课程的推进既向教师提出了巨大的挑战,同时也应看到,它更是教师专业发展的极好机遇。教师工作的性质决定了它不是机械的重复。教师既要坚定不移地贯彻落实党的教育方针,同时作为专业人员还必须遵循少年儿童心理发展的规律,谙熟他们的需求,掌握学科教学的内容与方式。在当今社会快速发展的背景下,教师的专业修养也需要与时俱进。因此,新课程所倡导的学生学习方式的变革、教师教学方式的变革,都需要教师在工作岗位上不断思索,不断进步,实现其专业发展。而本丛书编写者正是深刻理解了教师专业发展对于推进新课程的重要性,他们想方设法促使教师对自己的课堂教学进行自觉的反思与总结,引导教师们在理论与实践之间进行反复的"对话",并将"对话"的结果以课堂教学设计的形式表达出来,帮助教师整理了教学思想,提升了教育理念,促进了教师专业的发展。

第三,在改变课堂教与学的方式上进行了有益的探索。查尔斯·赫梅尔在《今日的教育为了明天的世界》中指出,在百科全书式的知识已经过时、百科全书比老人老得还快的大变革时代里,教师再也不能仅限于传授知识,而需要"唤醒不被知晓或沉睡中的能力,使得每个人都能分享到人们完全能够发挥自己才能的幸福"。因此,改变教与学的方式成为本次课程改革追求的重要目标之一。这套丛书正是以改变教与学的方式为突破口,对课堂教学如何体现学生的主体地位,如何突出知识的建构过程,如何增强学生的情感体验,如何使学生形成正确的价值观等方面的问题作了大量深入的探索。这套丛书中的教学设计虽然侧重活动性,但每一个教学活动的设计都力图向人们反映一种理念:只有将学习任务转化为学生的自我需求,才能真正唤起学生的求知欲望,才能真正激活学生学习的内在动力,才能真正使学生成为学习的主人。

衷心希望这套丛书能够为全国的中小学教育工作者提供借鉴。

2012年2月

(朱慕菊:国家基础教育课程教材专家工作委员会秘书长)

前　言

禹　明

最近，国家九年义务教育课程标准正式公布了。在总结我国十多年来基础教育课程改革经验的基础上，教育部正式公布的国家九年义务教育课程标准在强调德育领先、坚持渗透社会主义核心价值观的同时，特别强调了对学生创新精神和实践能力的培养。而要实现这一点，我们就要继续转变中小学课堂教学方式，在课堂上尊重学生，充分调动学生的积极性和主动精神，培养学生的批判性思维和学生的实践能力。为了学习，落实国家九年义务教育课程标准的精神，帮助中小学教师转变课堂教学方式，北京大学出版社出版了《21世纪教学活动设计案例精选丛书》，以帮助中小学各学科教师更好地在国家九年义务教育课程标准的指导下，研究课堂教学，改进课堂教学，提高基础教育的教育质量。

我们一直强调教学过程的重要性。因为学生知识的获取，能力的提升，情感的变化都是在教学过程中逐步实现的。教学过程要由一个一个教学活动构成。要想实现有效的教学过程，一定要设计好每一个教学活动，使教学活动符合学生的认知发展水平，符合学生的实际生活经历。在设计教学活动时，要考虑在活动中学生学什么？怎样学？学得怎样？要考虑如何让学生主动学习，合作学习，探究学习。一堂课是否有效与课堂教学活动的好坏正相关，学生是否能成为课堂学习的主人也与课堂教学设计的好坏正相关。因此，研究课堂教学活动的设计是课程改革的需要，是落实国家九年义务教育课程标准的需要，也是中小学教师专业发展的需要。

《21世纪教学活动设计案例精选丛书》的编写不以某一版本的教材为依据。它是根据基础教育课程改革的基本理念，依据国家九年义务教育课程标准编写的。这就使本丛书具有普适性，可供使用任何版本教材教学的中小学教师参考使用。本丛书收集的活动设计，有别于教育教学案例，它是课堂教学中的某个教学环节，或是精心设计的导入，或是针对具体学习任务而设计的小游戏。每一个教学活动设计体现了以学生为主体的理念，而且经过了多年教学实践的检验，行之有效。由于丛书提供的活动类型多样,宛如一个课堂教学活动设计的"超市",各个学科的教师完全可以根据自己教学的实际需要,任意选用或组合,也可以在现有基础上改造与创新。在编写本丛书时,我们并没有强求体例一致,这样,我们可以保存每个教学活动设计的个性与特点,体现教学活动设计的多元化。对于广大的一线中小学教师而言,本丛书是实用的教学参考书,因为本丛书的作者都是来自教学第一线,他们的教学活动设计就是在教学第一线产生的。

《21世纪教学活动设计案例精选丛书》是一套"草根"作品,散发着浓浓的芳草气息,而课程改革的春天不正是弥漫着这股清香味么?愿同行们喜欢它,也期待着你们的指教。

2012 年 2 月
于深圳市教育科学研究院

(禹明:特级教师,教育部教师教育课程资源专家委员会专家,教育部"国培计划"首批教师培训专家,教育部九年义务教育课程标准综合审议专家,教育部外国人子女学校认证专家组专家,深圳大学师范学院兼职教授,教育硕士导师)

编 者 说 明

师范院校的教师职业技能培养的严重缺失，课程改革培训中重理论轻教法的倾向，教师职业技能方面专业引领的不足，这些是导致课程改革中出现诸多问题的重要原因。改变教师的教育理念非常重要，但新的理念不是自然而然地就能转化为新的教学设计和行为的。在这个过程中需要专业技能的支撑，比如如何上好讨论课，如何通过游戏使学生掌握英语的时态，如何使学生通过有趣的活动认识数学的抽象概念，如何让学生通过讨论春游的安排了解人民代表大会的议事程序，等等。新的课程理念只有在这些细节的落实之处才能真正体现出来——这就是我们编写这套《21世纪教学活动设计案例精选丛书》的初衷。

谁是教师职业技能培养的引领者？是那些将自己的热情和智慧奉献给课程改革事业的富有创造性的教师们。南山区的教师们在这方面作出了有益的探索。本套丛书所收集的活动，不同于以往的案例，它是课堂上的一个教学环节，或是一种精心设计的导入，或是一个针对具体的学习任务而设计的小游戏……每一个活动设计都体现了以学生为主体的理念，都已经被教学实践证明是行之有效的好方法。

这套丛书没有依据某一个版本的教材，而是按照课程改革的理念，依据课程标准编写的，这就使得这套丛书具有了普适性，使用任何版本教材教学的教师都可以使用。其中所设计的活动的类型多种多样，宛如一个课堂活动的"超市"，教师可以根据自己教学的需要，任意选用和组合。即便是每本书或每个设计，我们也没有强求体例一致，我们想让每个教师鲜明的个性跃然纸上。这套丛书是教师的实用参考书。

当教师们的职业技能逐渐提高的时候，课程改革的事业就会展现出更加绚丽的前景！我们编写本套丛书的目的，是希望为提高教师的职业技能贡献一份力量。我们也期待热心的读者提出宝贵的意见。

目 录

序 …………………………………………………… 朱慕菊(1)
前言 ………………………………………………… 禹　明(3)
编者说明 ………………………………………………… (5)

让学生经历一个充满创造性思维的过程 ………………… (1)
泡沫为什么会在水中下沉 ………………………………… (4)
七嘴八舌话分类 …………………………………………… (7)
让我们自己来识别 ………………………………………… (9)
脊椎动物 ………………………………………………… (12)
植物王国的奇妙臣民 …………………………………… (15)
十三名"教师"共上一堂课 ……………………………… (18)
启迪学生思维,提高学生建构知识能力 ………………… (21)
变化中蕴含的乐趣 ……………………………………… (24)
为什么是"守株待兔",不是"守株待羊" ……………… (28)
自主探究,愉快学习 …………………………………… (31)
光的反射 ………………………………………………… (35)
从课本走向生活 ………………………………………… (38)
我们身边的噪声污染 …………………………………… (41)
运动和能的形式 ………………………………………… (44)
发现身边的科学 ………………………………………… (47)
让学生做学习的主人 …………………………………… (50)
世上只有妈妈好 ………………………………………… (53)
真爱需要等待 …………………………………………… (57)
我"变成了"老人 ………………………………………… (61)
种子的结构 ……………………………………………… (63)
营造探究学习氛围　提高学生思维能力 ……………… (66)
遵循认知规律　科学建立概念 ………………………… (69)
鱼的沉浮和悬浮由什么决定 …………………………… (72)
潜水艇知多少 …………………………………………… (76)
科学就在你身边 ………………………………………… (79)
由野外求生所想到的 …………………………………… (82)

水的净化 …………………………………………………………… (85)
为深刻理解而教 …………………………………………………… (90)
蓝天不再,祸首是谁 ……………………………………………… (92)
空气的污染与防治 ………………………………………………… (96)
竞赛中学习好快乐 ………………………………………………… (100)
探究帮我找答案 …………………………………………………… (103)
在知识建构中体验探究乐趣 ……………………………………… (105)
空气的组成 ………………………………………………………… (108)
让课堂带给学生美的享受 ………………………………………… (112)
探究"死狗洞"的奥秘 ……………………………………………… (116)
敢于向权威质疑,提升科学探究能力 …………………………… (118)
在探究中体验科学的乐趣 ………………………………………… (122)
植物如何吸水 ……………………………………………………… (124)
魔术师 ……………………………………………………………… (127)
生活中的酸 ………………………………………………………… (129)
趣味识酸碱 ………………………………………………………… (132)
从微观角度认识质量守恒定律 …………………………………… (135)
挖掘生活中的科学教育资源 ……………………………………… (137)
给你思考空间,还我意外惊喜 …………………………………… (140)
"山洞"历险记 ……………………………………………………… (144)
整合教育资源,提高学生自主学习能力 ………………………… (147)
我饿了…… ………………………………………………………… (150)
假如家毁灭后 ……………………………………………………… (153)
我为环保做贡献 …………………………………………………… (156)
让学生快乐地学习 ………………………………………………… (158)
生物的适应性和多样性 …………………………………………… (161)
月相 ………………………………………………………………… (164)
控制与"失控"的平衡 ……………………………………………… (167)
创建自主课堂环境,在体验中进步 ……………………………… (172)
强化主体意识,落实主体地位 …………………………………… (177)
水的密度 …………………………………………………………… (179)
我们的观察正确吗 ………………………………………………… (182)
寻找问题背后的答案 ……………………………………………… (185)
兴趣是最好的老师 ………………………………………………… (188)
演示实验教学中探究性的应用 …………………………………… (191)

让学生经历一个充满创造性思维的过程

【设计理念】

探究是《科学》课程的核心概念。而科学探究又要有效地融合于科学的知识、方法、情感和精神。这要求教师通过精心设计教学策略,按照科学探究的思路来营造探究科学的课堂,有效地引导学生在探究中学习探究、理解探究,在探究中走进科学的世界。这是一个充满创造性思维的过程。为了让学生亲历这样一个过程,我设计了"将液体混合"的活动。

【活动目标】

探究液体的另一种属性——可混合性。通过预测、验证、记录并讨论这样一种探究过程来培养学生的实践精神和创新能力。

【活动准备】

一、材料

- 每一位学生需要备有:一本科学日记本;一枝铅笔;一张复印的记录纸"将液体混合"
- 每两位学生需要备有:一个大烧杯,250毫升;一个小烧杯,50毫升;两个白色的塑料勺子;一个玻璃棒
- 班里需要备有:一个记号笔;一张"液体的属性"表;水;报纸;纸巾;垃圾桶、塑料垃圾袋、塑料桶

二、准备工作

1. 为每一位学生复印一份记录纸"将液体混合"。

2. 每两位学生要对液体以及另一种液体进行操作。在本课结束时,他们将交流观察结果,并将结果进行整理。

将水倒入15个大烧杯中,每个里面放上杯子容量的一多半。

准备小烧杯,分别放入洗发水、胶水以及植物油。在每一个杯子的前面放上一个标签。

将勺子、玻璃棒、报纸以及纸巾放准备好。

3. 如果没有排水的地方,准备一个塑料桶以便课后将杯子里的液体倒进去。

【活动过程】

一、活动

1. 问学生一下,他们是否在生活中已经将两种液体混合。例如,他们可以将牛奶

与蜂蜜混合。鼓励他们描述一下两种液体发生了什么情况。

2. 告诉学生今天他们要观察，当他们把其他液体倒入水中时，会出现什么情况。告诉学生，每一组要探讨一种液体与水相混合的情况，并在本课的最后交流他们的观察结果。

3. 让学生用报纸盖上他们的书桌。然后，为每组学生分配两个勺子、一个搅拌棒、一杯水、一杯胶水、植物油。

4. 将 A4 记录纸分发给学生。请他们预测一下，当他们将液体倒入水中时，会发生什么情况，并在记录纸上记录下他们的预测。鼓励他们注意水与另外一种液体各发生了什么情况。

5. 告诉学生，如果他们从杯子的侧面看液体，要比从其上面看能更好地观察到发生了什么情况。让学生向杯子中慢慢地放入几勺液体。（各组中的每一位学生可能都想向里面添加液体，每一位学生可以向里面放一勺。）让他们仔细观察，当液体进入水中时，出现了什么情况。例如，鼓励学生注意，当液体进入水中时，它是漂浮还是下沉。也让他们注意一下，液体在水中是怎么扩散开的。

6. 请学生在他们的记录纸上画出液体在进入水中时是什么样子的。

7. 当学生在绘画时，杯子里仍会发生一些变化。例如，洗发水在一开始是蜷缩着的，它将落到杯子底部，并慢慢扩散开。确保学生记下了这种变化以及其他的变化。

8. 然后，让学生用玻璃棒搅拌液体。提醒他们，每一组只有一个玻璃棒，他们需要轮流来做。鼓励他们注意水和那种液体各自发生了什么变化。

9. 几分钟之后，请学生在他们的记录纸上画出一些图来说明，当他们搅动液体时他们的观察结果。

10. 让学生将材料移动到桌子边上，以便他们和班里的同学交流结果。

二、讨论

1. 请学生描述他们的观察结果。当他们描述时，请他们将杯子拿给同学们看。

2. 为了集中学生的描述，可以提出以下的问题：

- 在你一开始将液体放入水中时，发生了什么情况？它是怎么进入水中的？
- 液体是下沉还是漂浮？
- 当你加入液体时，水发生了什么变化？它变化了吗？
- 当你搅动混合物时，液体发生了什么变化？
- 哪些液体和水混合到了一起？
- 哪些液体没有和水混合到一起？

3. 请学生讨论一下，为什么有些液体会下沉而一些液体会漂浮。学生或许会说，一些液体感觉比另一些液体要重。如果他们这么说，鼓励他们讨论，这意味着什么，它怎么会影响液体的漂浮或者下沉的。

注意：孩子们会混淆概念。他们会认为物体下沉是因为它重而不是因为它的密度大。你可以让他们回忆一下密度这个概念，这一步的讨论是学生运用他们目前对液体的理解来解释他们的观察结果的机会。

4. 帮助学生来总结他们的观察结果，请他们来描述，对于每一种液体下面的两种观察结果：

- 液体是漂浮还是下沉?
- 液体是和水混合还是仍保持分离?

在"液体的属性"表上记录下他们的评论。

5. 让学生将杯子里的水以及另一种液体倒空。可以倒入下水道或者你准备好的桶内。然后,请他们将空的烧杯、勺子、玻璃棒洗干净,报纸和纸巾放入垃圾桶中。让他们盖好胶水、植物油、洗发水的盖子,并将它们放回原来的位置。

【活动评述】

科学课程是以培养学生科学素养为宗旨的科学入门课程。它倡导让学生体验科学探究活动的过程和方法,发展初步的科学探究能力。本活动设计很好地体现了这一宗旨。教师在适当的时候进行引导,使得整个活动过程有严密的科学逻辑,学生的能动性很高,学习效果好。同时这样的设计也有利于培养学生良好的科学态度,使学生初步认识科学的本质。活动结束后废物的处理,有利于使学生形成保护环境的意识。

(深圳市南山区桃源中学 蒲 颖)

泡沫为什么会在水中下沉

【设计理念】

课程改革强调学生要经历科学探究过程,学习科学探究方法,培养学生的探索精神、实践能力,激发学生的创新意识。要求教师精心设计教学,引导学生在探究中学习和理解,在探究中走向科学的世界,感悟科学的真谛。我设计这节课的目的是希望通过探究来激发学生的积极性,培养学生敢于怀疑和猜测的学习态度。

【活动目标】

1. 让学生了解一些日常生活知识。
2. 让学生理解什么是科学探究,掌握科学探究的基本方法。
3. 通过探究提高学生观察、实验、分析和归纳的能力。
4. 在科学教学中培养学生的协作精神、创新意识和实践能力。

【活动准备】

1. 器材:

教师演示:两块泡沫(其中一块内部有铁钉)、水槽、水、磁铁

学生分组实验:水槽、水、石块、木块、铁块、铜块、磁铁、黑盒(黑盒内有铁钉和乒乓球)。

2. 学生分组:

每小组四人。

【活动过程】

一、引入新课

学生观赏图片(投影)

提出问题:1. 这幅图片表明了什么?

2. 医生为病人治病的过程是怎样的?

引出科学探究的概念。

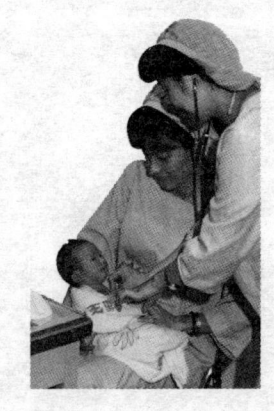

二、进行新课

1. 教师演示:把两个外表相同的泡沫同时放入水槽内的水中。

现象:泡沫1漂浮于水面,泡沫2下沉于水中。

学生感到惊奇,对此表示怀疑,又积极进行猜想、假设。

2. 教师提问:泡沫2为什么会下沉于水中?

泡沫2内有什么物体呢?

让学生提出多种假设(掌声鼓励)。

根据小组提出的假设切题与否,给小组按等级评分:10分、8分、6分、4分、2分,激发学生的竞争意识。

3. 教师提问:如何检验假设的正确与否?

学生回答:让我们来设计实验,用实验来验证。

4. 学生分组设计实验并进行实验(每小组四人):(重点、难点)

将木块、石块、铁块、铜块分别放入水槽内的水中。

现象:木块漂浮于水面,石块、铁块、铜块都下沉在水中

学生总结实验,猜测泡沫内可能有什么物质。

教师及时表扬做得好的小组,鼓励做得不够好的小组,并给小组评分。

5. 教师提示:泡沫2内只有一种物体,用什么方法才能确定呢?

让部分学生掂一掂泡沫2,感觉泡沫2的分量。

大部分学生环视实验桌上的器材,进行讨论、猜测,并提出问题:"能否用磁铁靠近泡沫2?看现象如何?"

6. 老师演示:用磁铁靠近泡沫2

现象:泡沫2被磁铁吸引。

7. 学生分组实验:用磁铁靠近石块、铁块、铜块

现象:磁铁吸引铁块,不吸引石块、铜块

学生进行小组讨论并急于表现自己:泡沫2内含有铁块

按小组得出正确结论的先后顺序评分。

8. 教师提问:探究"泡沫2为什么会下沉于水中"的过程是怎样的?

学生总结:

第一,提出问题:泡沫2为什么会下沉于水中?

第二,建立假设:可能泡沫内有(1)木块(2)石块(3)铁块(4)铜块

第三,设计实验、收集证据:

① 将木块、石块、铁块、铜块分别放入水槽内的水中

② 用磁铁靠近泡沫

③ 用磁铁靠近石块、铁块、铜块

第四,作出解释:泡沫2内含有铁块(掌声鼓励)。

按小组得出结论的正确与否评分,并按得分高低评优秀小组一个,合作愉快小组一个。

三、小结

(由老师和学生共同归纳、总结,投影展示)

科学探究的一般过程是:

1. 动眼——发现问题,提出问题。

2. 动脑——建立假设。

3. 手脑并用——设计实验,收集证据,验证假设。

4. 动口——作出解释,互相交流。

四、学生练习

探究黑盒里面有什么？（巩固难点）

每小组发一个黑盒和一份实验报告单，要求学生在十五分钟内探究且完成实验报告，其后每组派一个代表说明探究的过程和结果。

【活动评述】

这是七年级的学生的第一节探究课，本案例通过小组实验，让学生不断地发现问题→思考问题→产生质疑→进行猜测→自主探索，培养学生协作学习的精神和动手操作能力，按小组评分制造激烈竞争的气氛，让学生形成竞争的意识。这种途径体现了《科学课程标准》中要求教学要提高学生素养和创新能力的理念。

本案例有两大特点：一是能从同学们都非常熟悉的医生为病人治病的图片入手，创设问题情景，激发学生的学习兴趣。二是借助于学生熟悉的泡沫，内装不同的物体后在水中的浮沉，充分挖掘与之相关的潜在的教学资源，以此开阔学生的知识视野，同时较好地解决了学生科学探究的学习方法的养成问题。

（深圳市南山区松坪中学　郑秋萍）

七嘴八舌话分类

【设计理念】
　　对于城市小孩来说，动物见得少，光靠嘴巴来说，学生想像的效果是远远不能代替直观的视觉效果的。所以采用动物的实物图片让学生在比赛中学习分类，既能调动学生学习的积极性，也能体现他们的合作意识，使学生快乐地学习。

【活动目标】
　　通过展示常见的动物及对它们的分类标准的确定，要求学生理解"分类必须依据一定特征进行"，并且理解"由于分类标准不一样，而分类结果也不一样"这一重要的分类思想。通过小组比赛的方式，让学生体会合作的重要性。

【活动准备】
　　1. 课前准备好5组相同的各种熟悉的动物的图片（接近3R照片大小），如：鸡、金鱼、鸽子、海豚、猴子、熊猫、狗、眼镜蛇、青蛙、鲨鱼、蜘蛛、蟑螂、蜻蜓、水母等。
　　2. 课前准备好一道分类的分析题，可以用小黑板抄写展示，或用电脑展示，或给每位同学印发一份。
　　3. 课前准备好10份小礼物，例如：笔、书签等等。

【活动过程】
　　一、课前准备
　　本节课的内容主要以学生讨论分析的方法来学习，所以实行分小组进行课堂活动教学。提前5分钟到教室，把学生分成5个小组，并把桌椅调整好。
　　二、讨论学习（约用20分钟）
　　1. 开始上课，师生问好后，老师交代今天上课为什么要分小组调整桌椅：今天，我们进行一场比赛，看看哪个小组能够获胜？而且获胜小组人员将会取得小礼物。希望你们都能认真对待，努力地去争取胜利。
　　2. 把课前准备好的5组相同的图片发到每个小组中。
　　3. 说明图片的用途和比赛的规则：今天比赛的内容是"分类"。分类是对已有的事物或资料进行分门别类整理的过程。现在你们5个小组都拿到了1套动物图片，把这些动物进行分类，并且要说清楚分类的依据。分类的方法不止一种，想到的方法越多得分越多，就越有可能获胜。
　　4. 用8分钟左右的时间让学生讨论。强调：讨论时不能大声喧哗。
　　5. 让学生发表讨论结果，发表的方式：首先，每个小组各说出一种分类方法，能说出合理的分类标准得10分，在黑板上做好小组得分的记录。然后，各小组可以补充其他分类方法,分类标准合理的一种方法也得10分,做好记录。

    6. 引导学生总结:你们刚才根据动物不同的特征对它们进行了分类,说明了进行分类必须要有依据。对这些动物可以有这么多不一样的分类方,可见,分类的依据不同,分类的方法也就不一样,换句话说,分类的标准不同,结果也不一样。

    7. 介绍较为科学的分类方法及其分类标准:根据体内有无脊椎骨,将所有的动物分为脊椎动物和无脊椎动物两大类。

三、学习反馈(约用18分钟)

    1. 将课前印好的习题发给每位同学,要求学生先独立思考,并在草稿纸上作初步解答,然后小组讨论,最后,每个小组派代表汇报分类结果。

    2. 对小组的分类方法进行评比,师生共同选出最合理的分类方法。获胜小组可得20分。

四、巩固小结(约用7分钟)

    1. 学生对本节课进行总结,让学生说说自己学到了什么。

    2. 对比赛成绩进行小结,算出得分最高的小组即获胜小组,并给组员颁奖(赠送小礼物)。

    3. 布置作业:把家里的物品列举出来,并进行分类,要求用"检索框架图"的形式表示出来。

【活动评述】

    新课程倡导开展自主、合作、探究的学习形式。本节课应用比赛、讨论等方法,引导学生自主探究,较好地完成了教学任务。课堂上学生反应积极,思维活跃,有些回答甚至出乎老师意料之外,实在让人惊喜。在分组讨论的过程中,学生的自主学习能力得到发展,树立了分析和分类的思想方法,对以后的学习有积极作用。

    应该注意的是,让学生自己总结的时候,学生可能会说出很多,但可能都不是重点,比如有学生在本课堂才知道海豚是胎生动物,那么对于他来说,这也是他所学习到的新知识。此时,老师千万不能说"错",只能说"好",可以多让几位学生总结,然后,教师再画龙点睛作出小结。

(深圳市南山区桃源中学 罗佩云)

让我们自己来识别

【设计理念】

《无脊椎动物》这部分内容在课程改革前分为七章,几乎用半个学期来完成,而新教材只用一节课完成,加之有些动物种类学生比较陌生,因此学起来难度较大。为改变这种状况,我决定改变学法,课堂上不是教师教,学生记,而是让学生自己去理解记忆。我准备了各类无脊椎动物的浸制标本和模型,让同学们结合各类动物的特征,自己分类、识别。要想知道哪种动物属于哪个类群,学生必须知道这类动物的特征。这样学生既掌握了各种无脊椎动物的主要特征,又对各类无脊椎动物的代表动物有一个清晰的印象。

【活动目标】

1. 说出无脊椎动物的主要区别和常见的代表动物。
2. 了解昆虫的身体结构,以及它们与人类的关系。

【活动准备】

1. 15种无脊椎动物的浸制标本或模型,分别编号。
2. 有关珊瑚、海蜇、海星等无脊椎动物的录像资料。
3. 15道抢答题的幻灯片。
4. 把学生分成6组,每组选出一名组长、一名联络员、一名汇报员。
5. 要求学生课前自学,查找无脊椎动物的相关资料。并让学生课后查阅资料,举出除标本外其他有代表性的各类无脊椎动物的名称。

【活动过程】

这节课分两课时来完成。第一课时给出15种无脊椎动物的标本或模型,让学生根据教材上各类无脊椎动物的特征,自己讨论识别。课堂上,学生表现非常活跃,认真识别每种动物。对于那些特征明显的动物,很快就识别出来,如草履虫,因为以前学单细胞生物时已经学过,所以大家很快就能说出它属原生动物。而对那些特征不是很明显的动物,学生查阅资料,集体讨论,意见统一后才让记录员记录。

对于一些学生不太清楚的概念先要讲解清楚,如:辐射对称、棘皮动物等,对于一些易混淆的概念让学生通过对比加强理解,如:线形动物和扁形动物,线形动物和环节动物等。

在汇报成果时,绝大多数鉴定都很准确,只有少数出现错误。出现错误较多的是海蜇、沙蚕、珊瑚、水蛭等,因为对海蜇和珊瑚了解不多,不知道它们是腔肠动物,我就给他们放相关的录像资料,增强他们的感性认识。对于水蛭和沙蚕,有学生把它们归入扁形动物,我引导学生:扁形动物是身体背腹扁平,而环节动物是身体有体节。经过讲解,学生通过对比,掌握了这两种类群的区别。

以下为具体内容:

一、标本识别

指出15种无脊椎动物的标本或模型各属于哪种类群,你们识别的依据是什么?

二、汇报成果

每组汇报员到讲台上,汇报本组的鉴定结果,师生指出他们的错误之处,帮助改正。(此环节共50分,答错一题扣5分。)学生鉴定有误的种类,教师要讲解清楚。

标本号	标本或模型名称	所属动物类群
1号	蛔虫	线形动物
2号	蚯蚓	环节动物
3号	海蜇	腔肠动物
4号	海燕	棘皮动物
5号	乌贼	软体动物
6号	河蚌	软体动物
7号	河蟹	节肢动物
8号	沙蚕	环节动物
9号	海葵	腔肠动物
10号	沼虾	节肢动物
11号	珊瑚	腔肠动物
12号	水蛭	环节动物
13号	猪肉绦虫	扁形动物
14号	草履虫(模型)	原生动物
15号	紫海胆	棘皮动物

三、说出动物

各组在讨论的基础上,每人说出一种除标本外的无脊椎动物名称,每答对一人次加5分。

四、抢答题

设计15道问答题让各组抢答,每题10分,借此环节巩固重点,突破难点。

问题如下:

1. 地球上大约有多少万种脊椎动物,无脊椎动物则有多少万种?
2. 扁形动物和线形动物有什么区别?
3. 线形动物和环节动物有什么区别?
4. 原始最低等的动物类群是哪种生物?为什么?
5. 自然界中种类最多的是哪一类动物?
6. 昆虫身体分几部分,哪几部分?
7. 昆虫有几对触角,几对翅,几对足?

8. 身体柔软有贝壳的是哪类动物？
9. 昆虫体表坚硬的部分称作什么？
10. 排泄同一个开口，身体辐射对称的是哪类动物？
11. 常见的寄生虫，多属于哪两类动物？举例说明。
12. 涡虫、沙蚕属于哪种动物？
13. 外形上看，蚯蚓的身体由什么构成？
14. 蚕蛾是害虫还是益虫，为什么？
15. 蝗虫是益虫还是害虫，为什么？

五、思考辩论

昆虫是动物成员中最大的家族，它与人类的关系非常密切，从昆虫和人类的利害关系上看我们习惯上称它们为益虫或害虫。那么，一种昆虫对我们来说是否一定是非利即害呢？请同学们根据你们的了解，说说我们可以从昆虫那里得到什么启示。

针对这个话题，同学们展开了激烈的讨论，有人举出某种昆虫说它是益虫（例如蚕），立刻有人反对说它也有对人有害的一面（蚕蛾）。班级开始了激烈的辩论，整个课堂气氛再一次进入高潮。

听了学生的辩论，我给予了充分的肯定。同学们敢于坚持自己的观点，不人云亦云，而且都能用证据证明自己的观点，这很好。对一种动物而言，与我们人类的关系并非非利即害，利害关系是相对的。就拿苍蝇来说吧，同学们都认为它是害虫，必彻底除之而后快。但科学家发现苍蝇的平衡性能特别好，经研究发现苍蝇身上有一对平衡棒，科学家把它应用到飞机上，增加了飞机的平衡性能。每一种生存下来的动物都经过长期的进化，它们的基因都是独特的。我们可以减少那些对我们害处较大的动物数量，使它们对我们的危害减少，而不是彻底消灭。有的动物我们不知道对我们有什么帮助，因为我们还不太了解它们，待动物的基因密码破译后，说不定蟑螂还是我们的朋友呢。

我话音刚落，就赢得了一阵热烈的掌声。整堂课在轻松愉悦的气氛中结束了。

【活动评述】

《无脊椎动物》这节课，一直是教师认为比较难啃的"硬骨头"，枯燥、难教。教师如果把嚼过的知识教给学生，学生不会主动接受，而且会产生厌学思想。新课改注重的不是看教师怎样教而是看教师如何引导学生学。这节课充分发挥学生的主体作用，通过小组比赛的方法，利用学生表现欲强的特点，调动了孩子们的积极性。通过让学生自学，自己识别标本的办法，理解掌握无脊椎动物的特征，使学生在轻松、愉悦的气氛中掌握了知识，培养了能力。

（深圳市南山区松坪学校中学部　邹桂玲　蓝明）

脊椎动物

【设计理念】
　　脊椎动物一节是传统的教学内容。在以往的教学中,它要求学生不但要熟记五大类群动物详尽的分类特征,而且对每种类群代表动物的特点都要全面的掌握,比如,鲫鱼鳍的种类、名称、着生位置,心脏的特点,血液循环的路线等等,教学手段无非也就是借助于一些挂图和模型。老师讲起来难免枯燥乏味,学生学起来自然也就兴趣索然。久而久之,师生在教与学中仿佛都形成一种思维定势,那就是:分类难讲更难学。
　　本节课正是在新课程理念的指导下,根据课程标准的要求,从教学目标、教材处理和教学方法等方面尝试进行课堂教学的创新,改变师生头脑中形成的关于分类的定势。从学生的兴趣出发,以生动活泼的课堂组织形式推进教学的展开,循序渐进,环环相扣;注重在知识习得的同时,自然而然地进行情感、价值观的渗透。

【活动目标】
　　使学生理解动物分类必须依据一定的标准来进行,标准不一样,分出的类群就不一样;能够说出5大类脊椎动物的主要特征和代表动物的名称;树立动物是人类的朋友,保护动物就是保护人类自身的意识。

【活动准备】
　　教师准备好多媒体课件。

【活动过程】
一、欣赏动物——创设情景,营造氛围
　　播放一段来自《动物世界》中鹰击长空、鱼翔潜底的精彩片头,营造生动活泼的宽松氛围,引导学生进入生机勃勃的动物世界。
　　师:为了更好地研究和识别地球上的各种动物,人们需要对它们进行分类。那么,我们可以按照什么标准来将它们分门别类呢?
　　生:(讨论)可按照温度、生活环境、生殖方式、有无脊椎骨、体表是否被毛等来划分……
　　师:可见,分类的标准不一样,分出的动物类群就不一样。在生命科学中,科学家将一项重要的生理特征作为划分动物的主要依据,那就是:动物有无脊椎骨。根据这一标准,动物分成了两大类,有脊椎骨的称为脊椎动物,无脊椎骨的称为无脊椎动物。我们今天学习的就是大家比较熟悉的脊椎动物。

二、列举动物——点击主题,激趣引入

以小组为单位,要求学生在两分钟内尽可能多地写出脊椎动物的名字,比一比,看哪个小组写得多,写得准。

教师点评一个小组的成果。学生有时容易将"蚯蚓"、"蝴蝶"、"河蚌"等一些无脊椎动物混淆成脊椎动物。这一环节旨在让学生罗列并了解哪些动物属于脊椎动物。

三、动物竞猜——围绕主题,借机铺垫

让学生不给其他人看见,写出一种自己最喜爱的脊椎动物的名字,请别的同学猜想。在猜想动物的过程中,脊椎动物的各种特点已经不知不觉地包含在问题和答案中了。

师:我已经知道×××同学最喜欢的动物了。大家来猜猜看,他最喜欢的是什么?

生:(根据动物是否生活在水中、是否长毛、是否吃其他小动物、体温是否恒定、是否吃奶、是否有脚等特征来提问。)

这个游戏其本意是使学生从自身的生活体验中找到一种情感上喜爱、认知上比较清晰的新的学习内容的"切入点"。

四、动物分类——探究主题,归纳寻知

使学生明白,正如刚才学生如何猜到别的同学最喜欢的动物一样,科学家其实也是根据动物的身体结构、生理特点、生活环境等将5万种脊椎动物进行分类。

教师每播放一个类群动物的录像之后,就请学生来归纳、分析这个类群的主要特征,教师自己作总结发言。

这里,教师借助于多媒体手段,明显运用了"先行组织者"的策略来加以组织教学,一方面帮助学生进行意义学习,另一方面也隐含着分类中的一种重要的思维方式,那就是"逐级分类"。教师可以适当地强调这一重要的分类思想。

五、夸赞动物——承接主题,温故知新

让每个小组自由选择夸赞一个类群的动物,目的在于为学生提供变式练习。学生在夸奖某种动物类群的时候,肯定会提及它属于某种动物的一项或几项理由。

当然,学生会对自己所夸奖的动物充满赞美,也会对动物之间到底孰高孰低的问题引发争议。教师应适时地指出两点:(1)在漫长的生命进化过程中,能够存活到今天的所有动物都是适应环境的,适者生存;(2)当然,各种动物的适应水平是有高有低的(可举例,如恒温动物和变温动物之适应环境能力的高低)。自然过渡到下一环节。

六、比较动物——拓展主题,迁移深化

在比较动物进化水平时,自然导出脊椎动物的进化顺序:鱼类——两栖类——爬行类——鸟类和哺乳类,分析处在进化分支点的动物,如始祖鸟、鸭嘴兽等。总结出动物进化的规律:从水生到陆生,从简单到复杂,从低级到高级。人位于生命进化树的顶端。

七、人与动物——升华主题,渗透情感

师:人在进化地位上是最高的,是否可以说,我们就是地球上一切生灵的主宰呢?

生:(大家以讲故事的形式参与讨论。)

师：给大家看一份档案，不是人的，而是动物的。(教师出示一份由于人类过度掠杀和盲目追剿而导致动物死亡或濒临绝种的动物灭绝档案。)

这一环节旨在阐述每一种生命都有其存在的价值，缺少了哪一个环节，生态平衡都将被破坏。最终，人类都会遭到大自然的无情报复。让学生意识到动物是人类的朋友，保护动物就是保护人类自己。

【教学反思】

本节课，与传统的动物分类课相比，我在以下几个方面做了一些探索。

从教学目标上讲，课程标准删除了以往动物分类中繁、难、偏、旧的内容，而是注重让学生理解动物分类的思想、说出5大类脊椎动物的主要特征和代表动物的名称，树立动物是人类的朋友，保护动物就是保护人类自身的意识，培养学生基本的生命科学的素养。

从教材处理上讲，我感到教材仅用一个简单的检索图表来罗列动物的主要特征，对分类思想的落实是存在一定难度的。因此，我采纳了教材进行动物竞猜游戏的建议，但在教学内容的呈现方式、知识点的强化提升、情感动力的激发策略上做了自己的一些探索。

从教学过程设计上讲，我主要以小组游戏竞赛的方式组织课堂，在主题的进入、探讨、拓展、升华等各个环节上注重循序渐进、环环相扣，搭好学生思维的脚手架。比如，让学生选出自己最喜爱的动物让别的同学猜测，此时，各种动物的基本特征已经暗藏在游戏的问题和答案中了。让学生夸奖一个类群的动物既是对刚学的知识点的复习和巩固，又为稍后比较动物的进化顺序埋下了伏笔。

从课件制作上讲，并不是单纯地变黑板板书为电脑板书，而是充分利用多媒体的视听效果和一些素材性课程资源，将动物的大量信息、各种珍贵镜头鲜活地展现在学生眼前，如：鲫鱼慢镜头的呼吸、蜥蜴的产卵与孵化、家鸽的飞翔、鸭嘴兽的活动、大熊猫在野外的生活情景等等，帮助学生对枯燥知识的理解与记忆，让活生生的脊椎动物在大家面前进化。

整堂课力求将乏味的学习过程还原为鲜活的课堂生活，让学生真切地体验到分类不难，分类有趣，进而达成教学的三维目标。

(北师大深圳南山附中 陆 晖)

植物王国的奇妙臣民

【设计理念】

让学生带着问题学会查阅资料进行自主性学习,让学生在自主学习中获得喜悦感和成功感,从而渐渐养成学生爱学、乐学、会学、创新的心理品质。教师为主导,根据《课程标准》创造性利用教材;学生为主体,让学生作学习的主人和课堂的主人。

【活动目标】

1. 通过查阅资料,了解没有种子的植物类型、特征和功能。
2. 说出蕨类植物、苔藓植物、藻类植物的主要区别以及相关代表植物的名称。
4. 说出种子植物与没有种子植物的主要区别。
5. 练习运用所学知识解决有关没有种子植物的实际问题。

【活动准备】

课前一周布置学生查阅有关蕨类植物、苔藓植物、藻类植物等三类没有种子植物的资料(包括文字、图片、音像资料等),并设计表格比较它们的代表植物、形态结构、生活习性、繁殖和用途等方面的知识,利用课余时间到鲜花店、植物园或郊外观察各种观赏蕨、苔藓、藻类植物。让参加野外科学考察活动的11名同学将拍摄的照片和考察报告整理好,作为演示教具配合多媒体课件进行教学。

课堂上学生座位采用"品"字型排列,每小组桌上放2-3株肾蕨或凤尾蕨,叶背面带孢子囊的蕨一株,苔藓、海带或紫菜等藻类浸制标本各一件,放大镜一个。

【活动过程】

一、展示作品

师:(亲切地)老师布置让大家查阅并处理有关没有种子植物的资料,大家都带来了吗?

生:(兴奋地)带来了。

师:现在请大家展示自己的科学课作品。

生:(高兴地举起自己查阅的资料。)

白:学生拿出的资料有互联网上下载的打印资料,有复印《少儿百科全书》上的资料,有复印往届初中《生物》课本上的资料,有从报纸上剪下来的资料,还有同学带来了《少儿百科全书》生物卷,往届学生的《生物》课本和《低等植物图谱》等书籍。

师:(鼓掌)同学们的作品真是丰富多彩,老师非常高兴!

二、分析作品

白：老师随机抽三位同学的资料,用实物投影仪展示给大家观看,并让学生对其中一位同学的知识比较表格进行补充完善。

师：真是集体智慧的力量无穷啊!经过同学们的补充,这张知识结构比较表格完美极了!

三、提升作品

师：老师现在想知道,大家在查阅资料的过程中,遇到困难和问题没有?

生1：老师!我有疑问。我查阅资料知道了藻类植物、苔藓植物、蕨类植物的形态特点和它们的代表植物名称,但是对于它们的具体模样我还是觉得不清楚。

生2：老师!我觉得没有种子的植物用孢子繁殖,很抽象,不好理解,我还没看见过孢子囊。

生3：老师!孢子和种子都能繁殖后代,他们到底有什么区别?

师：(解答学生的疑问,分别播放藻类植物、苔藓植物、蕨类植物科教短片。)请大家观看影片过后,辨别桌上标本是哪类植物,找出蕨类植物的孢子囊。

(老师的提问)

(1) 你认为没有种子植物由低等到高等的顺序如何?为什么?

(2) 你认为没有种子的植物对自然界有什么作用和影响?

(3) 学习了没有种子的植物之后,你觉得应该怎样保护和利用它们?

(学生自由发言,教师及时引导。)

四、拓展作品

配乐朗诵：请一名同学朗诵野外科学考察队员的散文《救救桫椤》(这篇散文是我校学生野外科学考察队考察深圳市塘朗山野生桫椤保护区后的感想)。

提出建议：欣赏完散文后,请同学们对如何保护好桫椤提出建议。

(学生自由发言,教师及时引导。)

课后,让学生归纳查阅的资料和个人感想写成小论文,放入学生成长档案袋。

【活动评述】

让学生学会获取和处理信息是培养学生自主性学习的方法之一。落实到具体的科学课教学中,就是让学生查阅有关自然科学内容的资料,并归纳处理这些资料信息。

通过三年的科学课程改革实践,教师发现学生非常喜欢在课余时间做查阅和处理资料的作业,而且这类作业的质量较高。因为这类作业能充分体现学生的个性,发挥学生的创造性,属于自主性学习和有意义学习的作业内容。

课程改革之前的作业基本上是大量的机械训练、重复抄写的作业。这类作业单调枯燥,容易使大脑疲劳,不能满足初中学生的好奇心和求异心理,没有体现创新精神,是机械学习的作业内容。长期大量进行这类作业是形成学生厌学的主要原因之一。

积极增加自主性学习和有意义学习的作业内容,大量减少机械学习的作业内容,可以激发并维持学生的学习兴趣,满足初中学生的好奇心和求异心理,逐渐培养学生爱学、乐学、会学、创新的心理品质。

可能有人会认为让学生做查阅资料、写小论文、做小设计(小制作)之类的作业,会占用学生的大量业余时间,增加学生负担。通过调查我们发现基础课程改革之前,初中男生的大量课余时间用来玩电子游戏,学习成绩越差的学生玩电子游戏机的时间越长;初中女生的大量课余时间用来追星、看动画书、看言情电视连续剧,成绩越差的同学花的时间越长。基础课程改革后,自主性学习的作业能够张扬学生的个性,充分发挥学生学习的主观能动性,深受学生的欢迎,学生愿意把大量的课余时间花在这类自主性学习的作业上,并乐此不疲。

野外科学考察活动,是深圳市桃源中学这所1999年才开始招生的年轻学校,于2001年就开始坚持的传统生态教育项目。本教学活动中教师根据校本野外科学考察活动,创造性地利用教材,体现了教师的主导性;让学生作学习的主人和课堂的主人,体现了学生的主体性;将洋溢个性的学生作业放入学生成长档案袋,注重了对学生的形成性评价。

(深圳市南山区桃源中学 全立新)

十三名"教师"共上一堂课

【设计理念】

《科学》教材第一册第二章"探索宇宙"离学生的现实生活既遥远又抽象,它不像物理、化学那样可以通过实验来验证定律和结论,也不像生物那样有一些现实的、活生生的实情实景可以观察,因此教学中就必须考虑如何利用现代化的多媒体手段和网络信息提高学生的感性认识。充分利用当今学生对网络信息技术应用十分熟练的能力,为其提出富有挑战性的任务,并为他们创造获得成功并得到展示的机会,这也是我们实施教学过程中的重要财富。因此将本节课设计为"以学生为主体的网络专题性探究学习"活动,就顺理成章了。活动中,教师仅为幕后策划,让学生成为学习的主人,让他们也了解备课、查资料、做课件直至最后走上讲台的全过程,给学生提供一个展现自我的舞台,充分满足他们自主探究、自我表现的精神需求。

【活动目标】

知识目标:

1. 了解太阳系的组成及结构,建立起太阳系整体的空间概念。
2. 了解九大行星、小行星、彗星及流星的有关状况。
3. 了解流星现象,知道流星雨的成因,对宇宙有一个初步的认识。

能力目标:

1. 通过影像资料,提高学生对天体的感性认识,增强学生认识问题、理解问题的能力。
2. 通过对恐龙灭绝的原因及智慧生命存在的可能性等问题的讨论,使学生掌握自主探究学习天体的方法,培养科学探究的精神。
3. 掌握多渠道获取知识的途径,提高学生对资料、信息的获得和处理的能力。
4. 锻炼学生运用信息技术与课程资源整合的能力。

情感目标:

让学生从学习中体会到教师工作的辛苦,培养他们尊重教师劳动的美德。

【活动准备】

1. 分组:

根据个人兴趣和爱好,三到四个人一组,自由组合。分别为太阳组、水星组、金星组、地球组、火星组、木星组、土星组、天王星组、海王星组、冥王星组、彗星组、流星组共十二个科学小组。

2. 小组分工：

每人根据自己的特长选定自己的任务，推选组长一人。

3. 团队任务：

每组同学要通过不同的途径(书籍、网络、光盘等)分头搜集、查找相关的资料，然后把资料进行加工整理，制作成课件；每个小组要绘制一幅星体图，自制道具，再推出一名同学做中心交流发言人——"老师"。

4. 全班选出一人做"探索宇宙领航员"，带领大家实施探索。

【活动过程】

领航员(以下简称员)：茫茫无际的宇宙，深藏着无数的奥秘，自古以来就引诱着人类不断地去进行探索。人们常常用"不知天高地厚"来批评那些无知的人。其实，究竟天有多高，至今也没人能说得清。宇宙到底有多大，已成为天文学家争论不休的问题之一。但是，人类在很早以前，就用肉眼看到了水星、金星、木星、火星、土星。十七世纪，伽利略用他自制的天文望远镜第一次撩开了太阳系神秘的面纱，到了 20 世纪五六十年代，随着航天技术的发展和航天探测器的使用，人类对太阳系的认识又进入了一个全新的时代。今天，让我们打开太阳系的大门，走进太阳系，了解太阳系。请看下列音像资料。(播放学生自制资料片)

员：太阳系是怎样构成的呢？

生：九大行星、小行星、彗星等天体按一定的轨道围绕太阳公转构成了太阳系。

员：太阳系中的各个天体并不是杂乱无章的，而是有序排列、有规律运动着的。那么九大行星按与太阳由近及远的顺序是怎样排列的呢？

生：水星、金星、地球、火星、木星、土星、天王星、海王星、冥王星。

员：九大行星排列有序地运动着，那么它们各自的情况又是怎样的呢？让我们来看一看、听一听它们的自我介绍吧。

十位小组代表，即十位"老师"分别扮演本组的宇宙成员太阳、九大行星等，拿着自制的道具模型，以第一人称的口吻做自我介绍，同时播放自制课件资料。介绍完后，站在讲台前，九大行星依次排列在太阳的周围。当最后一位最遥远的成员"冥王星"介绍完自己之后，全体"老师"一起回位。

员：听完了九大行星的介绍，结合你所收集和掌握的资料，小组讨论：九大行星上除地球外是否具备存在生命的自然条件？

各小组进行热烈讨论，两分钟之后交流结果，最后找一名学生做总结发言。

员：太阳系家族中还有一个成员叫彗星，大家知道它又是怎样的一种天体呢？

第十二位"老师"——彗星上场了，他给大家播放了自制的教学课件，展示了有关彗星的各种资料，并作为彗星组的发言人向全体同学进行讲解。

员：天空中有时会看到一种美丽的景象，这是一种什么样的现象呢？这种现象是怎样产生的呢？(他一边展示有关流星的景象资料，一边引导大家观察思考。)也请我们流星组的代表给大家进行自我介绍。

太阳系最美丽的成员"流星组"的发言人来到台前，播放了自制的教学课件，向同学们介绍了许多有关美丽的"流星"的故事和知识。

员：太阳系的组成和太阳系家族的成员我们都一一做了介绍，这也正是我们这节课的目的。通过这节课的学习,谈谈你最大的收获是什么?

同学们争先恐后,各自谈到了自己的收获与体会,教室内不断响起阵阵热烈的掌声。

员:通过本节课的学习,大家都有了许多收获,那就让我们满载着我们的收获,乘着网络的飞船到美丽的太空去遨游一下吧。

领航员打开网页——"太空休息站",首先打开"知识小宝库",了解星体的类型:恒星、行星、卫星。然后来到测试区。(以小组为单位,进行抢答,当场测试,当场评价,学生的参与热情非常高,课堂气氛再次达到高潮。)

员:下一站,我们将要到银河系去进行一番更加深入的探索,请大家课后收集查找相关资料。

同学们在一种满足和期待中结束本节课。

【活动评述】

课程改革改变着教师的教学方式和学生的学习方式,根据本节教材的内容特点及学生的特点,教师把这节课设计成"以学生为主体的网络探究课",并且大胆地和学生交换了角色,把讲台和学习的机会留给了学生。

正如新课标所说,学生是学习和发展的主体。这种在网络环境下的专题探究性学习,使学生在成为学习的主人的同时,开阔了眼界,丰富了知识,提高了能力。

教学方式的变化,极大地调动了每个学生的学习积极性,使他们情绪高昂,切身感受到学习的快乐,品尝到了成功的喜悦,发挥出极大的潜力。这种以学生为主体的网络支持下的探究课,虽然看不到教师在讲台上,但教师的影子无处不在,无时不有。教师在教学过程中扮演的是指导员、引导者、幕后导演等角色。因此,这种教学方式对教师提出了更高的要求,教师要想适应新的教学改革的需要,只有不断地加强学习,更新观念,才能真正成为良好的"引导者、指导者"。本节课在这方面做了有益的、成功的尝试,不仅使学生成为了学习的主体,而且使学生在学习过程中真正体验到了付出的艰辛和成功的快乐。

(深圳南山实验学校 崔玉恩)

启迪学生思维,提高学生建构知识能力

【设计理念】

本教学活动设计力图使学生在一个完整、真实的问题背景中,产生学习的需要,并通过镶嵌式教学以及学习共同体中成员间的互动交流(即合作学习),凭借学生的主动学习,让学生亲身体验从识别目标到提出目标的全过程,强调学习者从过程中获取能力及经历来建构自己的知识结构。利用建构主义教学方法使学习者主动在头脑中建构知识。

【活动目标】

1. 培养学生的实验操作能力,掌握基本的实验技能。
2. 采取有意注意,提升学生观察能力。
3. 引导学生主动建构知识。

【活动准备】

上课前一天要求每位同学回家烧一壶开水,观察水在烧开的过程中有哪些现象,并作好记录,准备交流。

【活动过程】

是谁杀害了老板

大家都喜欢看《名侦探柯南》,今天有一奇案请大家帮忙破一破。

在距今两百多年前,一个寒冷的冬天,老板与助手刚刚完成的图纸被盗了。正当二人焦头烂额时,进来一个伙计。伙计一手提着带塞的茶壶,一手托着盘子,盘子里放着两只咖啡杯。伙计冲好咖啡,顺手把茶壶放在炉子上转身出去了。过了一会儿,助手有事也出去了。等助手再回到房间里的时候,老板已经死了,在他的脖子上有一根明晃晃的针。

"是谁杀害了老板呢?"

学生的好奇心一下子被调动了起来,四人小组马上开始讨论。几分钟后,C组的同学举手发表见解:"是助手杀的,因为他是最后一个离开房间的。"

"不可能,如果是助手杀的,他怎么会再回来呢?我认为是那个伙计杀的。"E组的同学迫不及待地反驳道。

"怎么会是伙计呢?在他离开房间之前有助手作证啊!"

……

讨论持续了几分钟,没有得出结论。

这时我开始引入课题了:"既然同学们对这起案子感兴趣,你们学完了这一课就会真相大白了。让我们带着这一个谜,走进今天的课堂——观察水的沸腾实验。"

"昨天要求同学们回家帮家长烧一壶开水,不知大家做了没有?"

"做了!"学生异口同声。

"在你们亲身体验烧开水的过程中,发现了哪些有趣的现象呢?"

"我听到水的响声有变化:最初听不到水声,几分钟后水声越来越大,后来水声又慢慢变小听不见了。"很多同学随声附和道。

"我看到水泡有变化:水泡先是在锅底产生,随之向上运动,气泡越来越大,当到达水面时,气泡就破裂了。"这时候随声附和的人明显少了。

"看来,还有一部分同学没有看到这一现象,既然这样,我们不妨再动手体验一下,请同学在完成实验时作好记录。"此时,我采取了有意注意的策略提醒学生,使学生的观察更有针对性。"你们可以从三个方面着手。一、听:能否听到水声的变化;二、看:看两个方面,一是水泡大小的变化,另一个是温度计示数的变化;三、记录:请同学们分别记下水沸腾前、沸腾时、沸腾后水温的变化,并画出水温随时间的变化曲线。"

交代完之后,学生们马上开始动手实验。几分钟后,就有学生举手了。

"我听到了水的响声越来越大。"

"我看到了水泡也越来越大,最后在水面破裂。"为了解释这些现象,我引用了FLASH动画,形象生动,使学生很快明白了其中的道理。

二人小组继续实验,一边观察,一边记录,有条不紊,不时又有同学提出一些疑惑的问题:"老师,为什么水温升到一定高度就不变了?"我随即将这个问题抛给了其他的同学。越来越多的同学观察到这一现象。同学们边实验边讨论,很快就有人举手了。于旷也——一位思想活跃、思考积极的同学——说:"我认为水温不变标志着水已经沸腾了,因为水汽化需要吸收热量,虽然酒精灯在不停地给水供热,但这些热被水用做汽化生成水蒸气用了,因此水温保持不变。"同学们不约而同地鼓掌赞同。

"水沸腾的温度应该是100℃啊?为什么我们测得的是95℃呢?"很快其他几个小组的同学也有同感,水温有的停在了96℃,有的停在了93℃,几乎没有一个停在100℃的。同学们又开始疑惑了。

"是不是水的沸点不是100℃呢?"我再一次将问题抛给了学生。

"老师,我知道。"网络高手高伟翔同学立即举手回答:"昨天,我在谢璞网站上查到水的沸点与气压有关,只有在一个大气压下水的沸点才是100℃。现在水的沸点没有100℃,说明不到一个大气压。"

"其实,气压对沸点的影响在我们现实生活中也有很多应用,"我趁势给他们讲起生活小常识。"比方说,登山运动员在高山上煮食物,通常要用高压锅,否则煮不熟。这是因为高山上的气压低于一个大气压,水在100℃以下沸腾了,达不到通常情况下煮熟食物所需要的温度。"经过老师的解释,同学们明白了许多,思想又一下子活跃起来了。

老师又问大家一个问题:"大家都处在同一间教室,气压应该差不多,为什么水的沸点有所不同呢?请大家讨论一下。"

四人小组开始讨论。几分钟过去了,没有人举手。

我开始提示学生："请注意温度计的位置,应该怎样放?大家放的位置有没有差别?"同学们马上醒悟过来了,明白温度计的位置影响了读数。

真相大白

"刚才同学们通过人体的听觉、视觉感官,感受了水沸腾过程中的各种现象,它对我们有什么启发呢?""传说有一位好奇的小孩看见炉子上壶里的水沸腾了。蒸汽把壶盖顶了起来,他用手按下去,壶盖又被顶起来了,他从中受到启发,长大后发明了蒸汽机,成为著名的发明家。"

"他是瓦特!"我还没有问学生,他们已经抢着回答。

"他就是千古奇案中的那个助手。"我一语惊醒梦中人。

"哦……"

该到破案的时候了。

"老师,我知道老板是被谁杀的?"还是柯南迷——王海伦抢在了别人前面。"那个伙计才是凶手。他利用了水沸腾时的巨大力量将茶壶上的塞子冲开,壶嘴刚好对着老板,塞子里面藏着的凶器——针刺杀了老板。"同学们频频点头。

"从这个案件中,我们知道科学是一把双刃剑。像瓦特利用蒸汽为人类服务,而那个伙计却利用它杀人。我们要学好科学知识造福人类,而不能伤害自己。"适时的思想指导好像使学生突然长大了,明白了科学的要义。

【活动评述】

刘老师在整堂授课过程中只起到穿针引线的作用,完全将学生置于一个客观的情景中,让学生去感受现象,通过不断的发现问题→思考问题→产生质疑→探索结论这种途径,使学生主动建构自己的知识结构,体现了《科学课程标准》中要求教学中以提高学生科学素养和创新能力为主的精神。

该节课设计巧妙,过渡自然,在不经意之中将教学内容穿插其中,达到润物细无声的效果,特别是整节课首尾呼应,开头设疑案,结尾学生恍然大悟。设计新颖,引人入胜,激发了学生的兴趣,收到了较好的效果。

(深圳市南山区育才二中　刘头明)

变化中蕴含的乐趣

【设计理念】

著名的教育学家郭沫若曾经说过:"教学的目的是培养学生自己学习、自己研究,用自己的头脑来想,用自己的眼睛看,用自己的手来做这种精神。"因此,本节教学活动的设计理念就是**让学生成为学习的主体**,让学生亲历一个全新的探究过程,即"**活动——体验——表现**"过程:

活动:让学生自主探究,亲历探究全过程;

体验:让学生在活动中去发现、去体验、去感悟知识;

表现:把自己的体验、感悟表达出来,最终让学生在倾听、交流、分享中去获取知识。在这一过程中,培养学生自主探究、合作交流的精神,同时让学生在共同分享中去感受解决问题,获取知识的快乐,并最终促进学生的发展。

【活动目标】

1. 让学生通过自主探究,去总结出物理变化和化学变化的本质区别。
2. 培养学生动手、动脑能力及人际交往、协作能力。

【活动准备】

1. 把全班分为若干活动小组。
2. 准备好学生探究可能需要用到的材料:
   A. 第一类材料——白纸,打火机,彩笔,剪刀,水
   B. 第二类材料——弯折的铁钉,生锈的铁钉,磁铁,锋利的小刀片
   C. 第三类材料——蜡烛,烧杯

【活动过程】

第一板块　　创设情景,引入课题

引入:1. 让学生观赏美丽的河流图片(伴随着美妙的乐曲)。

2. 多媒体引入先哲的一句话——"没有一个人可以两次踏入同一条河流。"

引导学生思考:这句话有道理吗?让学生在思考中了解到世间万物总在不断地发生着变化。

3. 今天我们就来研究物质会发生怎么样的变化。

第二板块　　自主探究,合作交流,切入主题

活动一　探究物质的变化主要分为物理变化和化学变化

- 活动器材:

给每组每位学生发一张纸及各种可能用到的材料。

- 探究活动:

(1)教师提出要求:你能让纸发生哪些变化?看谁想的办法多?

(教师提供各种材料,鼓励学生亲自做一做)

(2)交流你们的方法,并试着说说在改变这张纸时你有什么发现?归纳你们的方法和发现。

(3)提出问题:纸的变化有哪些?你能否对纸的这些变化进行归类?

(4)每组选一位小秘书记录,一位演讲者汇报。

【教师引导】

每个小组从不同的角度去观察、思考问题,因而每个小组会有自己的方法、发现,他们的分类标准会不同,分类的结果会有许多。教师在鼓励、赞许的同时,引导学生把纸的燃烧和其他变化作比较,学生通过观察、比较,会得出:纸都变化了,但一类变化后,纸还是纸,本质不变,如撕碎、剪烂、折叠的纸。但一类变化后,纸变成了灰,本质发生改变,如燃烧的纸,从而引出"变化后是否产生新物质"这一分类标准。教师在此基础上,进行规范性科学用语的概括:即

物质的变化 { 物理变化:变化后,没有产生新的物质的变化
化学变化:变化后,产生了新的物质的变化

与此同时,让学生巩固了"分类依据不同,结果也会不同"这一重要知识点。

[设计意图]:学生自主探究 ⟶ 发现 ⟶ 分类 ⟶ 比较 ⟶ 交流分享中,去获取知识

过渡:请学生回忆,纸的燃烧这种化学变化中伴随的现象。

(学生会说出发光、发热、冒烟等现象。)

教师进一步质疑:发光、发热现象是否就是化学变化?物理变化和化学变化的本质区别是什么?

活动二　探究物理变化与化学变化的本质区别

- 活动器材:

一个由电灯泡、开关、电池组装好的直流电路,弯折的铁钉、生锈的铁钉。

- 探究活动:

(1)观察电灯泡通电后的现象,小组讨论:电灯泡通电后,是物理变化还是化学变化?

(2)观察弯折的铁钉和生锈的铁钉,学生自主设计实验,探究铁钉的这两种变化的不同;

(3)汇报交流。

实验1让学生感受到发光、发热只是化学变化中伴随的一些现象,并不是物理变化和化学变化的本质区别。

通过学生设计实验——交流——比较——归纳出弯折的铁钉、生锈的铁钉的最大区别是:弯折的铁钉没有产生新的物质,生锈的铁钉是铁钉变化后产生了不同于铁的新物质——铁锈。在这一过程中,学生会在实验中遇到问题,如用磁铁既能吸引弯折的铁钉,又能吸引生锈的铁钉。在疑惑中,学生会再去设计方法,在这一过程中,学生会在最终找到答案的喜悦中,在合作交流与分享中,去体验成功的快乐。

• 教师引导:

学生从以上两个实验的结果中去寻找规律,从中归纳出物理变化和化学变化的本质区别是:变化后是否产生了新的物质。

[设计意图]:观察——自主设计实验——发现问题——解决问题——寻找规律——获取知识,享受快乐

活动三　竞赛

• 竞赛步骤:

(1)由学生依据生活中的变化事例,自主设计题目,自主选择由哪个小组同学回答,比一比哪个组设计的题目最好,哪个组回答得最好?

(2)请一名小秘书记录所有题目,并归类物理变化和化学变化。

• 竞赛目的

让学生从中总结出判断物理变化和化学变化区别的方法,进一步加深对主题的理解。

设计意图:竞赛中练习,竞赛中总结,竞赛中反馈。

过渡:引入诗句"春蚕到死丝方尽,蜡炬成灰泪始干"。让学生通过观察,在实验探究中去领略它的含义。

第三板块　　拓展加强,深化主题

活动四　探究物理变化和化学变化的关系

• 活动器材:

每组发一枝蜡烛,一个干燥的烧杯,

• 探究活动:

(1)观察:蜡烛的燃烧,你发现了什么?

(2)提出问题:蜡烛燃烧属于什么变化?

(3) 建立猜测：（学生小组讨论，小组代表回答）

   A. 化学变化？

   B. 物理变化？

(4) 设计实验：小组讨论如何设计实验验证猜测，汇报交流

  方法一：用干燥的烧杯罩住燃烧的蜡烛，观察

  方法二：直接用干燥的烧杯底部接触火焰，观察

  思考："烛泪"是怎么回事，是什么变化？

(5) 实验验证：

问题	蜡烛燃烧属于什么变化？		
猜测1		猜测2	
设计实验		设计实验	
实验现象		实验现象	
实验结果		实验结果	
发现新问题			

学生在探究中发现蜡烛燃烧过程中既有物理变化，又有化学变化；回应诗句含义。

- 教师引导：

  学生进一步思考，

质疑：能否举例说明，物质在发生化学变化的同时，是否会发生物理变化？反之，物质发生物理变化的同时，是否会发生化学变化？

总结：物质在发生化学变化的同时，一定会发生物理变化，但物质发生物理变化的同时，不一定会发生化学变化。

[设计意图]：1. 通过讨论——提出问题——建立假设——设计实验——验证假设——分享交流——获取知识（理解物理变化与化学变化的关系，进一步加深对主题的理解）

2. 与第二板块相连，设计逐层深入，符合学生的认知规律。

第四板块 自主小结，强化主题

学生自主小结，想到什么就举手说，谈感受，谈认识，教师做最后的总结：

- 物质的变化可分为物理变化和化学变化；
- 物理变化和化学变化的本质区别是：变化后，是否有新物质的生成；
- 物理变化和化学变化的关系：

  A. 物质在发生化学变化的同时，会伴随着物理变化；

  B. 物质在发生物理变化的同时，不一定会发生化学变化。

【活动评述】

科学教育不能再以传统的知识学习与方法训练为主，而应更注重学生探究活动的全过程，在他们熟悉的周围生活中选取有关的内容，让他们亲自看一看，做一做，猜一猜，想一想，议一议，从而在学习知识、培养兴趣中去提升科学素养。本课的设计较好地体现了这种教育思想。

（深圳市南山区学府中学 陈晓霞）

为什么是"守株待兔",不是"守株待羊"

【设计理念】

本教学活动设计是一个例外,是在正常教学中,由于偶然事件的出现,教师在课堂上即兴进行的课堂活动设计。在本活动中,通过一个又一个环环相扣的小活动,引领学生一步步地深入探索,最终找到答案。通过体验学习,不仅深化了课本知识,还拓展了视野,促进了学生的思维能力,提高了合作交流能力,使学生在主动学习中完成知识的建构。

【活动目标】

1. 培养学生的逻辑思维能力,合作交流能力。
2. 激发学生发现问题,综合运用知识解决问题的能力。
3. 培养学生对科学的兴趣和正确的科学精神。

【活动准备】

本活动为即兴型,不需要准备。

【活动过程】

◇节外生枝

做完实验,说明光在均匀介质中是沿直线传播后,一位男生站起来问:"老师,'守株待兔'是不是真的会发生?"

同学们都看着我。

我笑了笑:"你是说兔子是不是真的会撞到树上,是吧!"

"是……"他脸红了。

"那我们就来探讨一下成语'守株待兔'所包含的科学道理,来探讨一下为什么成语是'守株待兔',而不是'守株待牛'或者是'守株待羊'吧!"我目光中充满着鼓励和肯定,微微笑着说。

同学们的兴趣也一下提起来了,纷纷议论起来……

◇实验探讨

"我们先来做个实验:两个同学一组,一位同学竖直拿着一支笔,另一位同学闭上一只眼睛,伸直手臂,只用一只手指横着去触摸那支笔,看能否触摸到?然后再睁开眼睛去触摸,看看会怎么样?"

"咦!怎么摸不着?"

"嘿!?怎么回事呀?"

同学一边试着去做，一边议论纷纷。

"睁开眼睛很容易触摸到，而闭上一只眼睛后，明明看着要触摸上的，为什么实际上所触的位置不是太靠前就是靠后了呢？"

"为了回答这个问题，我们得做进一步的实验。现在还是闭着一只眼睛，但是先把手指放在眼前，然后顺着视线去触摸，看看又会怎样呢？"

"哦！这回又很容易触摸到了！就像睁开双眼时一样容易。"

"对呀！为什么会这样呢？"

"你们想想看。"我鼓励他们。

"老师，是不是因为光是直线传播的关系？"

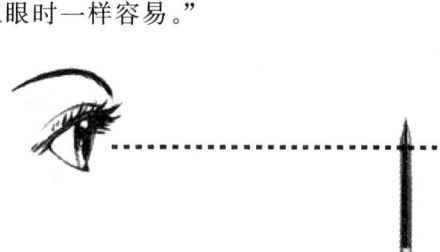

"对！光的直线传播可以解析很多现象，比如刚才所讲'一叶障目，不见泰山'，练习射击时，要做到'三点一线'等等。"我接着说，"因为光是直线传播的，当我们用一只眼睛去看物体时，只能确定物体在这条直线上，但不能确定物体距离人的远近，不能判定在哪个具体位置。只有当两只眼睛同时看时，根据两条直线只能相交于一点，才能判定物体的准确位置。"

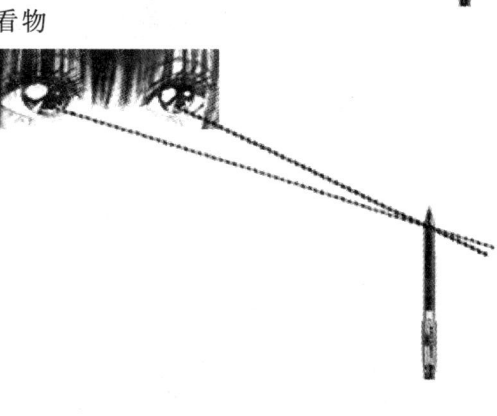

"老师，这样的话，独眼人开车岂不是很危险？"一位同学着急地站起来问。

"对！独眼人是不能拿驾驶证的。很容易发生交通事故。"

◇ 深入一步

"为了说明兔子为什么容易撞到树桩上，我们还要进行更深入一步的实验。一位同学把笔放在另一位同学的侧面，直到那位同学只能刚刚看到为止。那位同学睁开双眼，只用眼睛的余光去看笔，伸直手臂用手指横着去触摸笔，看看会怎么样？"

"咦！又看触摸不到了……"

"为什么呢？"

"原因是我们双眼有一定的视野范围，在我们的前面有一块交叉区域，在这个区域内，我们可以准确判断物体的位置。如果在区域外，即使看到也无法准确判断它的位置。"

"而兔子的眼睛是长在两侧的，双眼视野范围基本没有交叉区域，也就无法准确判断物体的位置。当兔子在逃命过程中，因为奔跑过快而又无法准确判断与树之间的距离，从而撞在树上，发生'守株待兔'的现象也就不足为奇了。"

"哦！那牛、羊等其他动物也是这样吗？"

"每种动物都是不一样的。牛、羊的视野范围比人要大一些，前面交叉的区域要小一些，是不可能因为奔跑过快，而撞在树上的。所以要'守株待羊'或'守株待牛'，是非常困难的。"

"那其他动物的视野范围是怎么样的?"

"比如说猫头鹰吧!猫头鹰的视野范围集中在前面较窄的区域,两眼视野基本全部交叉。"

"同学们,你们有谁知道其他动物的视野范围是怎样的吗?"我接着问。

"鸭子不需摆头就能看见360度圆周方向的所有物体,随时提防背后的偷袭者。"

"最有趣的是变色龙,变色龙的两只眼睛可以独立旋转,能看见两个不同方向的东西。当一只眼睛正搜寻昆虫时,另一只眼睛能够注视从背后爬近的蛇。当发现昆虫时,两只眼睛会转到同一方向,再用长舌捕食。"

同学们站起来纷纷发言。

"为什么每种动物的视野范围都不一样呢?"

同学们又纷纷议论起来了……

老师总结:"这是生物为生存而对环境的适应。兔子的天敌很多,为了适应生存,要随时能注意到周围的情况,视野范围必须广阔,眼睛长在两边可以扩大视野,但是交叉部分就少了。一个弱者需要更广阔的视野来避免被捕食。而猫头鹰天敌少,眼睛交叉部分多,是它在高空飞翔然后俯冲下来能准确捕获猎物的原因。"

【活动评述】

这样的一节课在传统教学中是不能出现的,具体表现在两方面:

1. 教法方面

这本来是一节《光的直线传播》内容的教学,在传统物理教学中,有着非常明确的教学大纲要求和明确的教学目标。在这节课中,并没有完成预定的教学目标,而是被"半路杀出的程咬金"打断了。教师并没有制止,而是加以肯定和鼓励,在适当的引导下变成了一节别开生面的探讨课。这样,不仅保持了学生的好奇心,引发学生积极思维,激发学生对科学探索的强烈欲望,更重要的是培养了正确的、积极的科学态度。正如一位教育家所说:"今天的课堂是在培养明天国家的决策者、政策制订者。"正确的科学态度有助于更多的人热爱科学,参与科学研究,只有这样,科学才能更好发展。

2. 知识方面

在课堂讨论中,所涉及的知识包括物理、生物等学科,体现了学科的渗透和综合,就一个问题进行多角度、多方面、综合的探讨,这是传统教学和分科教学所不能达到的。

(深圳市南山区松坪中学 郑秋萍)

自主探究,愉快学习

【设计理念】

全面提高每一个学生的科学素养,为每一个学生提供科学探究的情境是科学课程所大力倡导和追求的,如何在课堂上实践和落实是每一个科学老师面临的一大课题。

有关颜色的现象在日常生活中非常普遍,学生对此也非常有兴趣,为此通过让学生以实验设计操作为主,探究一些有趣的实验,培养他们的观察能力、动手能力以及发现知识和归纳知识的能力。

【活动目标】

1. 常识性了解白光是由色光组成的。
2. 了解透明体颜色由透过它的色光决定,不透明体颜色由它反射的色光决定。
3. 了解色光混合的效果——三原色。
4. 了解颜料的混合效果。

【活动准备】

活动所需要的材料在活动过程中有详细描述,这里不重复。这个活动的准备工作当中,主要是分组。分组的科学性直接影响到活动的效果。分组主要基于以下几个原则:

1. 最好两人一组,实验条件不允许时3~4人一组。分组不宜人数太多。
2. 分组时考虑成绩和动手能力,一般是成绩比较好的与基础较差的一组,动手能力强的与动手能力弱的一组。充分发挥每个组员的主观能动性,同时也能培养学生的合作精神和相互帮助的精神。

【活动过程】

本系列活动分四个部分,大约为6段课外活动时间组成。

第一部分:光的色散(1、2为一个课时,3、4为两个课时)

1. 白光分解。(学生分组实验)

让一束太阳光通过棱镜射到白屏上(如图1),观察白屏记下实验结果。

2. 色光合成。(学生分组自制实验仪器进行实验)

太阳光分解成的光经棱镜混合成白光。承接混合成白光的屏不要离第二个棱镜太远,避免光能量损失过大,亮度过弱。并自制一个长约40厘米的盒子,设法将两个棱镜固定在适当的位置A、B处(图2),C处开一狭缝,供太阳光射入。

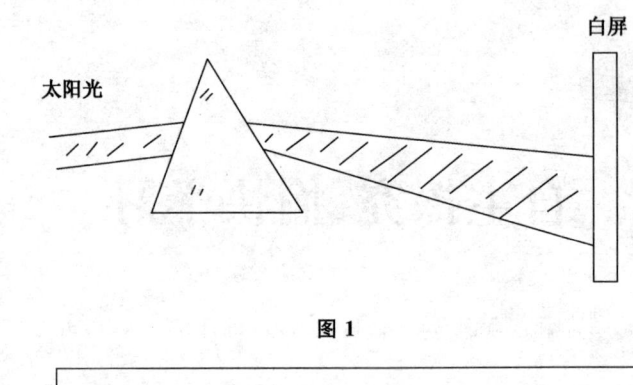

图 1

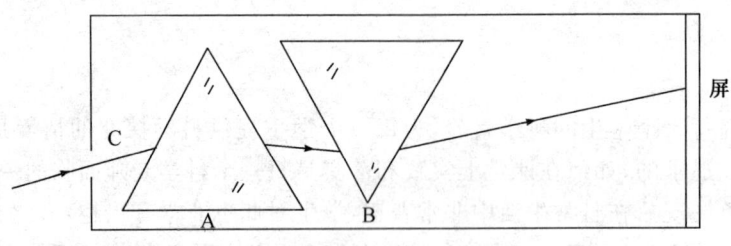

图 2

3. 喷雾成虹实验。(学生自制实验仪器)

彩虹是阳光射到空中的水滴里发生反射和折射而形成的。无数的小水珠,相当于一个个小棱镜,太阳光射到小水珠上,经两次折射和一次反射,便发生色散现象(如图3)。

取一根带尖嘴的玻璃管,用橡皮管与水龙头相连,打开水龙头,在空中形成一抛物状喷泉,喷泉周围形成无数小水珠,我们背对太阳光,能观察到美丽的人造彩虹,这是喷雾成虹实验。

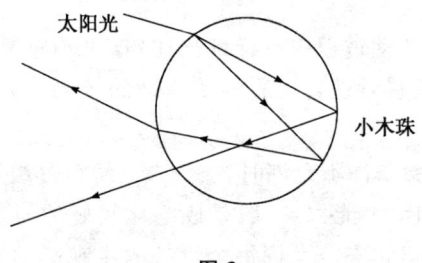

图 3

4. 圆环虹实验。(学生自制实验仪器)

取一只直径约8厘米的无色透明薄壁球形烧瓶,内盛满清水,将其固定。另取一块三夹板,中央钻一直径约4厘米小孔,将其置于距球形烧瓶约数厘米处,圆孔对准瓶,靠瓶一面上糊以白纸。太阳光通过小孔射入烧瓶,经折射反射后,落在白纸上形成圆环形彩虹(如图4)。

第一部分需要器材:

1. 三棱镜;2. 三棱镜、硬纸板;3. 尖嘴玻璃管、橡皮管;4. 球形烧瓶、三夹板、白纸、镜子。

第二部分:物体的颜色

1. 物体的颜色。(分组实验)

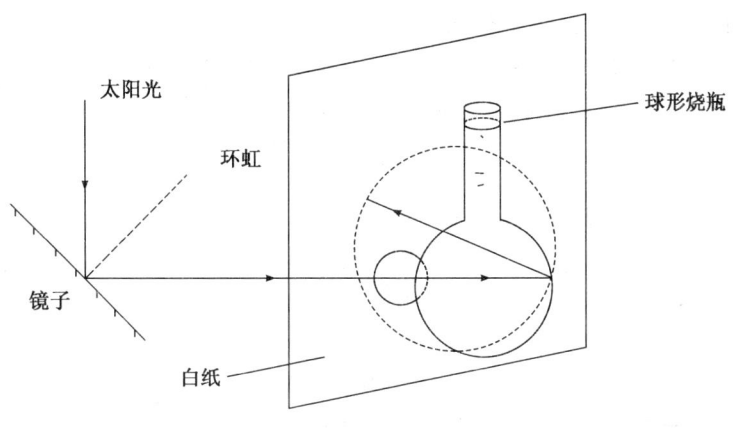

图 4

找几张颜色不同的纸：白的、黑的、红的、绿的、蓝的，再找几张颜色与上面相同的透明玻璃纸和一个光比较强的手电筒。把几张色纸排列在墙上，在黑屋子里，先用手电筒射出的白光依次照射各纸，记下它们的颜色。再用各张透明的色纸蒙住手电筒的前端，用不同的色光依次照射各张色纸，记下观察现象。

纸的颜色 光的颜色	白	黑	红	绿	蓝
红					
绿					
蓝					

结论：_____

第二部分实验器材：色纸、彩色透明纸、手电筒。

第三部分：色光的混合

1. 彩色陀螺。（学生自制定实验仪器）

彩色陀螺制作（如图5）。做三个硬纸圆盘，分别涂满红、绿、蓝三种颜色（或分别贴三种色纸）。沿半径切开一个槽，把三个圆盘沿槽口交错地插在一起，套在陀螺上，露出红、绿、蓝三个扇形面积。分别拨动圆盘，调节三个扇形面积大小，改变三种颜色的比例，反复试验，便可看到多种颜色，记录结果。

红、蓝、绿者三个

图 5

2. 条纹陀螺。(学生自制实验仪器)

条纹陀螺制作(如图6)。硬纸圆盘上一半涂黑,另一半分四等分画出黑条纹,让陀螺在较长时间内高速转动,可看出色光的出现,记录结果。

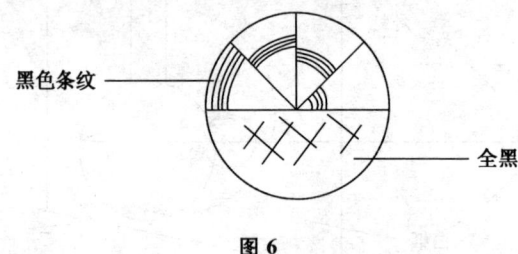

图6

第三部分实验器材:质量大的陀螺,硬纸圆盘,颜料或色纸。

第四部分:颜料混合

颜料混合实验。(学生分组实验)

让学生用颜料调出特定的颜色,记录结果。并用调好的颜色绘出一幅水彩画进行参赛。评选标准为色彩符合指定的颜色,画的内容有丰富的内涵,有创意,健康向上。

第四部分实验器材:颜料、画纸。

【活动评述】

科学教育是一个能动的过程,应当通过学生自主的探究活动来实现教育目标。"颜色之谜"科技系列活动内容丰富、充实,实验新颖,饶有趣味,让学生在自由的气氛中自主愉快地学习,充分发挥创新精神,开发科学潜能,培养动手技能,加深科学概念,提高科学素质。在这个探究过程中,教师成为学生学习活动的组织者、引导者和规范者,使学生的科学素养在主动学习的过程中得到充分的发展。

(深圳市南山区桃源中学 蒲 颖)

光 的 反 射

【活动目标】
1. 知道光的反射现象。
2. 理解光的反射定律,并用来解决一些简单问题。
3. 了解物理的研究方法：从实验中分析现象,归纳总结规律。培养学生的观察、分析、概括能力。

【活动准备】
1. 演示用器材：激光演示器、平面镜、插有大头针的硬纸条。
2. 学生实验用器材(2人一组)：平面镜片、白纸板、量角器、手电筒(玻璃前糊上开窄缝的牛皮纸)。

【活动过程】
一、复习提高
请举出应用光在同种均匀透明物质中沿直线传播的实例。

二、新课引入
教师：我们能看见太阳、电灯,是由于它们能发光,光线进入了我们的眼睛。我们为什么又能看见人、教室、书本这些本身不发光的物体呢？这是因为他(它)们能反射太阳、电灯等光源发出的光,这些被反射的光进入了我们的眼睛。本节我们就研究光的反射及其规律。

三、进行新课
1. 光的反射

教师：光传播到两种不同物质的分界面时,有一部分会被反射,仍在原来的物质中传播,这种现象就是光的反射现象。

演示一：用平面镜反射太阳光
观察墙上光斑及其变化。

演示二：用激光器演示光的反射。让学生观察入射光、反射光、入射点。并在黑板上画出图。

教师向学生介绍以下名词：
- 入射点(O)：光线射到镜面上的点;
- 法线(ON)：通过入射点,垂直于镜面的直线;
- 入射角(i)：入射光线与法线的夹角;

- 反射角（r）：反射光线与法线的夹角。

教师：通过演示观察到光的反射现象。那么光反射时遵循什么规律呢？

学生实验一：

1. 从手电筒前面纸缝中射出的光沿纸板入射到镜面上的O点，观察反射光的位置。在白纸上画出法线、入射光线和反射光线的位置。用量角器量出入射角、反射角大小，并记录下来。

2. 不改变入射点的位置，改变入射光线的位置，重复上面实验两次。

（活动过程：此过程是学生自己动手进行探究的亲身体验过程，教师只要做好组织工作即可。将全班分为4个大组，每两个同学为一小组，互相帮助，做好本实验。实验中，给学生必要的指导，鼓励学生尽可能多做几次，改变入射光线的位置、入射点、垂直镜面入射，观察、分析反射光线的变化情况。然后当堂讲评，每大组推荐两个小组上台发言，阐明自己的观点、结论，互相补充，最后统一整理出所得结论。运用此种方法可有效调动学生的积极性，充分发挥学生的动手动脑能力，培养学生大胆发言的综合实践能力，开拓了学生的思维，并使学生体会到了成功的快乐。）

引导学生分析实验现象和数据得出：①反射光线与入射光线、法线在同一平面上。②反射光线和入射光线分居法线的两侧。③反射角等于入射角。

板书："一、光的反射定律：反射光线与入射光线、法线在同一平面上，反射光线和入射光线分居法线的两侧，反射角等于入射角。"

学生实验二：

1. 把入射光线沿学生实验一画出的反射光线的位置射到镜面。观察反射光的位置。讨论得出：光在反射现象中，光路可逆。讲述反射光路图的画法：由入射点处画法线，再由反射角＝入射角画出反射光线。

演示三：用镜子和白纸反射太阳光或灯光。

问：为什么镜子反射的光很强，白纸反射的光很弱呢？我们来研究这两种情况。

板书："二、镜面反射和漫反射"

引导学生分析得出镜面反射：每条光线都遵守反射定律。反射光向同一方向射出，在这个方向的反射光很强，而其余方向无反射光。

演示四：把几根大头针垂直插入硬纸条中表示"法线"，把硬纸条任意弯折后"法线"不再平行。

强调：漫反射向各个方向反射光，所以能使我们从各个方向看到物体。

教师分析实例：同学们看不到黑板反光部分的字，这是因为黑板上的反光部分发生镜面反射，光线强度比粉笔字漫反射的光线强。怎样避免这种情况？让"反光"部分粗糙，这样就可以发生漫反射，减弱反光部分来的反射光，同学们就能从不同方向看清粉笔字反射来的光，也就是能看清楚字了。

教师：平行光入射到光滑的物体表面上时的情况如下图：

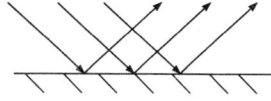

• 归纳总结

1. 光线传播到两种不同物质的分界面时，发生反射现象。

2. 反射光线、入射光线和法线在同一平面上；反射光线和入射光线分居在法线两侧；反射角等于入射角。

四、复习巩固

1. 作图说明：一束光沿水平方向射到镜面上，入射角是 30°，反射光线与入射光线的夹角是(60°)。若入射光线不变，把平面镜竖直放置，则反射角是(0°)。

【活动评述】

1. 本节的教学应以光的反射定律为核心，贯穿始终。

2. 学生实验用手电筒光源，可请学生每两人准备一只手电筒，用厚牛皮纸挡住灯泡前的玻璃，牛皮纸用刀片划出 1 毫米宽的窄缝。

3. 小玻璃镜片可到玻璃店购买废玻璃镜片充当。

（深圳市南山实验学校初中科学组　曹　燕）

从课本走向生活

【设计理念】

《眼睛的科学》一课是对凸透镜成像规律的一个拓展,是学生将凸透镜成像规律应用于实践的一个体现。纵观全课,将理论应用到实践,解决实际问题是本课的教学中心。所以我为学生创设模拟医科大学的一节医学课,让学生先感受到一种医学研究的氛围,这是教学的外部因素,也是学生科学情感上的一个升华。然后,从谈话入手,让学生提出想了解眼睛的什么问题,并对所谈问题进行筛选,从结构引向如何看到,之后解释近视眼的成因。让学生通过观察、猜想、实验、论证、总结交流的形式,亲历研究眼球过程,认识眼球的构造、成像原理,解决近视眼形成的原因及用眼卫生,让学生从课本走向生活,并提升学生的探究能力。

【活动目标】

- 通过实验探究近视眼形成的原因,对凸透镜规律成像深入了解。
- 知道眼睛的构造、成像原理、近视眼的成因及预防知识。
- 积极参与小组探究;愿意与他人共同探究问题、进行交流;培养学生探究严谨、实事求是的科学态度。
- 创设医科研究的氛围,模拟医学学习情境,提高对医学的认识。

【活动准备】

1. 眼球模型、光学实验盒、火柴、蜡烛、探究记录单。
2. 课前将有关眼睛结构的资料下发给学生,要求他们自学。

【活动过程】

一、创设情境:通过交流,引出探究问题

提出让学生感兴趣的问题:同学们,今天我们上一节医科大学生们上的一节课,你们现在就是医科大一年级的学生,我是你们的指导老师,今天我们来了解我们人体最重要的器官——眼睛。

让学生看老师拿来的眼球模型。提问:关于眼睛,你们一定有很多感兴趣、想知道的问题吧?

通常在这个时候学生们都活跃起来,纷纷提出问题,比如:

生1:眼球中是什么样的?

生2:我们是怎么看到这个世界的?

……

二、探究看见、近视眼等问题

师：同学们,眼球是一个很精细的器官,它的里面很神奇啊,我们一起看看吧？课下老师给了同学们关于眼睛的一些资料,对应着你们能认出这些结构都是什么？

教师演示眼球的内部构造。

师：我把这些部分拿下来,大家近距离看看! 指认一下各部分。

学生观察,指认。

师：当然同学看到的只是眼球的基本结构,这样的结构对于刚才XX(生2)同学提出的问题有帮助吗？大家不妨小组讨论一下？

学生讨论。在讨论过程中,教师应该有意识巡视各个小组,及时对各小组的讨论进行简单指导和引导。通常学生可以得到以下结论：

生：这个结构与我们前面学到的规律有些相似。

生：对,与照相机的结构也很相似。

师：同学们,谈得很有道理,那我们可以大胆地尝试一下! 晶状体、视网膜分别相当于照相机的哪个部分呢？

生：晶状体相当于照相机的镜头,视网膜相当于照相机底片吧!

师：既然如此,那我们看到的影象,是怎么呈现的呢？能分析一下吗？

生：可能光通过晶状体呈现在视网膜上啊!

师：啊,与透镜成像一样,那我把蜡烛拿走,大家猜想,还能成像吗？

生：不能。

师演示拿走蜡烛。

师：像没有了,这说明什么？

生：没有光就不能成像了。

师：那么我们能够看到周围的事物,这需要什么？

生：需要光。

师：大家找到书中的一段,自学其意也可以相互交流,看看还有哪些需要解决的问题呢？

生自学交流(找问题)。

师参与小组,很多学生提出同一个问题,就是成像是倒立的,可我们为什么看的是正立的呢,难道世界是倒的吗？

生：老师,晶状体成的像是倒立的,但我们看到的影像是正立的,这是为什么,难道周围事物是倒立的吗？

师：刚才我参与几个小组的活动,大家都对这个问题产生了疑惑,大家观察一下,眼睛的构造中,我们还没谈到谁啊？

生：视神经。

师：对啊,所成的像对视神经来说是什么呢？

生：是一种信号。

师：对啊,我们看到的除了有眼睛本身之外,还需要有大脑啊,大脑对信号进行处理,所以我们看的就是正立的。解决了结构、看见的问题,我们还很关心近视眼的问题。近视眼就是能看清近处,而不能看清远处,从眼睛的结构来说,你认为可能是哪个部位出现了问题呢？

生猜想。

师：那我们就从晶状体入手。我为大家准备了两种晶状体，观察他们的有什么区别？

生观察。一个厚，另一个薄。

师：大家自学书中的实验，了解实验过程，组内讨论分工，把不懂、不解的地方提出来。

学生自学交流（5分钟）。

师：如果同学们没有问题，我提三点建议供你参考。第一，实验要严谨，实事求是；第二，实验前要组内先讨论计划，达成共识，分工合作；第三，注意观察与整理。如果已经设置好，就可以开始。

学生分组实验，教师参与实验（5分钟）。

师：各组完成的很快，可以谈谈你们的实验成果吗？

生：厚的距蜡烛近时才能看清，薄的距蜡烛远时才能看清。

师：对于近视眼，为什么看不清远处的物体呢？

生：晶状体不能变薄了吧？

师：问题解决了，近视眼中的晶状体处于厚的状态，自然看不清远处的事物，有关这方面的内容大家可以查阅书中的内容。书中有一个词"凸度"就是凸透镜厚薄的程度。

学生自学书中的介绍内容。

三、爱眼方法与总结

师：一双健康的眼睛需要科学呵护，所以我们知道了近视眼的形成原因，那怎样才能让我们眼睛的晶状体能够活动自如呢？

生：不能长期看近处的物体，要看一看远处的物体，使眼睛得到放松。

师：不错，我们的眼睛要做到用眼卫生，还要科学用眼，现在你知道近视眼的形成原因，就知道了如何去防护，让我们的眼睛健康明亮。

【活动评述】

这个教学设计，主要通过叙述案例来呈现。现在来谈谈我对这个设计的看法。

首先，蒲老师胆子不够大！

既然设置了一个情境，像是到了医科大学里上课，为什么不把解剖的眼球拿出来让大家观察观察呢？

"《眼睛的科学》一课是对凸透镜成像规律的一个拓展"，从现在的教学设计讲起来固然没有错，但有没有想过，到底是先有眼球还是先有凸透镜？

眼睛是五脏精华之所聚，若要保护眼睛，我们的教材设计得很不够，所能提供的思路、方法也很狭小。

究竟怎样才算是好的教学设计？这是课程改革所面临的新课题。要设计好一堂课，首先教师要尊重学生与生俱来的好奇心，并因势利导引导学生发现问题、探究问题、解决问题，在这个过程当中让学生主动获取知识，培养能力；其次是把握学生的兴奋点，创造充满活力的动感课堂，把课堂变成学生思维的乐园。从以上两个方面来看，蒲老师这个设计方案是成功的。

(深圳市南山区桃源中学　蒲　颖)

我们身边的噪声污染

【设计理念】

浙教版《初中科学》(7年级第二册)第一章第3节以200字的篇幅简单地提到了噪声污染问题,并在教材最后的研究性学习课题中提供了"噪声污染及其控制"的内容。对于学生来说生活中的噪声污染并不鲜见,如出入嘈杂的闹市、听音乐看电视时开得大大的音量、下课时过度兴奋的大喊大叫、酒楼饭堂的猜拳行令等。学生对这些熟视无睹的噪声污染往往并不能充分认识其危害,习惯使然也让生活于其中的学生较少考虑到自己制造的噪声对他人的影响。

另一方面,对于对噪声污染有兴趣的学生来说,教材上的内容已远远不能满足其十分强烈的探究需求。于是,在我校丰富的网络资源信息的支撑下,设计以培养学生发现问题、提出问题、解决问题的能力为主线,一个基于网络、基于生活、基于实践,以全面提高每个学生的科学素养为核心,发展学生多元智能的主题探究活动应运而生。

【活动目标】

情感目标:

1. 在探究活动中培养学生对科学较强的好奇心和求知欲。
2. 在探究活动中体验提出问题、解决问题的喜悦。
3. 培养保护环境的意识,养成在公共生活中遵守社会准则、尊重他人的行为习惯。

能力目标:

1. 根据探究内容选择搜集信息、分析信息、处理信息的方法。
2. 通过小组协作学习,形成与他人合作学习的能力。
3. 学生通过学习成果的发布等主体活动发展语言等多元智能。

知识目标:

1. 了解噪声的相关知识和产生的危害。
2. 通过探究活动知道控制噪声污染的主要途径和方法。

【活动准备】

1. 小组分工,进行角色扮演,确定不同小组的活动方案和评价方式。
2. 课前通过各种途径收集、整理相应信息。

【活动过程】

• 活动方案

1. 教师对主题的导入，激发学生对噪声污染探究的欲望，进而提出问题，确定探究活动的主题。

2. 小组分工，进行角色扮演，确定不同小组的活动方案和评价方式。各小组及时上传进度和电子作品到网上，进行网上交流。

3. 课堂交流汇报。学生展示活动成果，各小组按各自选定的方式进行汇报。

4. 活动延伸拓展。

• 活动流程

1. 课题的引入

教师播放几组剪辑的录音录像片断，有鸟鸣声、汽车发动机的轰鸣声、潺潺流水声、钢琴伴奏声、课间打闹声、高速行驶的汽车产生的啸声等。教师还可制造一些乐音和噪音，如两个泡沫板的摩擦，用不同的力度敲击钢管等。学生讨论对这些声音的感受，归纳出乐音和噪音，继而提出：噪声是我们的主观感受，它有标准吗？标准是如何确立的？噪声对人的影响仅仅是感觉不舒服吗？怎样防止各种噪声？你还有哪些关于噪声的问题？

2. 课题讨论、合作与交流

经过各个小组的充分讨论和班级交流，最后由教师根据学生小组提出的课题情况进行了小组分工。全班同学分成约4—5人一组，在小组内每个成员将根据自身特长选择一种角色，这些角色包括：组长、资料收集人、资料整理人、汇报人。组长负责小组成员的召集、协调彼此联络等组织工作，资料收集人和资料整理人负责资料的搜集和整理并写成论文或做成网页等，汇报人主要负责早期的课题班级交流、活动过程中的交流（如班级的BBS）以及课堂交流汇报。

这些问题有基于网络的，基于调查的，基于实验的，等等。具体如下：

(1) 国家规定的不同场所的噪声标准组

(2) 不同路面噪声组

(3) 防噪声材料组

(4) 噪声对植物的影响组

(5) 噪声对动物的影响组

(6) 马路两侧不同绿化带降噪声效果组

(7) 噪声对人的影响组

(8) 不同场所噪声调查组

(9) 新闻记者对人群调查组

【活动要求】

1. 每一位组员就自己选定的身份和自己的合作者共同讨论如何解决问题、为解决本问题需要采用的方案、需要收集的资料以及共同整理资料，将探究成果制作成powerpoint课件、网页或编成小品等。分工的同时更要注意合作。

2. 每个小组开始之前要有文字方案，如需要收集的相关资料、设计调查的内容和用于记录的数字表格、预期进度、预期的成果形式等，小组讨论通过后提交教师审阅。

【活动评述】

《我们身边的噪声污染》主题探究活动通过创设问题情景,从学生的实际出发,使学生在探究过程中体验学习科学的乐趣,运用自己的智慧解决问题的乐趣。学生的科学素养在主动学习过程中得到发展,培养了学生与他人合作、交流的能力。本探究活动使学生认识到科学、技术与社会有着密切的联系,形成关注他人、关注环境的社会责任感。

(深圳市南山实验学校中学部　郭光志)

运动和能的形式

【设计理念】
　　本节教学活动课的设计理念是引导学生进行开放性的讨论交流,激发学生的发散思维,并让学生在活动中营造一种相互尊重、相互学习的气氛,使学生对他人的看法和观点进行思考,提出质疑,能够分析讨论,最后解决问题。

【活动目标】
　　1. 通过讨论和活动,能联系生活实际说出自然界中存在的各种各样运动和能的形式,并能理解各种能之间的相互转化。
　　2. 提高学生的思维、表达能力以及人际交往、协作能力。

【活动准备】
　　将全班同学分为若干个小组,每个小组设计准备1－2个运动和能的形式以及各种能之间的相互转化的实例,用于课堂展示。

【活动过程】
　　一、创设情景
　　(播放一段闪电风暴影片)在一个暴风雨来临的夜晚,乌云密布,狂风大作,大雨倾盆,雷声隆隆,一条条闪电像巨龙一般扑向大地,在整个过程中,大家知道有哪些物质在运动吗?科学家们统计,如果一次闪电风暴释放的能量完全给人类使用,那么世界将变得更加和平稳定,历史上也将可能不会上演海湾战争。那么一次闪电风暴究竟有哪些能量可以供人类使用呢?今天我们就要来学习有关运动和能的多样性的知识。

　　二、新课
　　师:"在日常生活中有哪些运动?"
　　生:"跑步、行驶的汽车……"
　　(这里学生一般回答的基本上都是机械运动,但有个别学生也能回答到生命运动、分子运动等等特殊的运动,这让我感到一丝惊喜,并马上表扬了这些同学注意观察和爱动脑筋,这激起了全体学生的积极性和拓开了大家的思维。学生们纷纷举手发言,举出了很多有关运动的例子,小到分子运动的微观世界,大到太阳银河的宇宙运动,只要老师稍加点拨,学生还可以想像到较为抽象的声运动和光运动。)
　　师:"运动的形式多种多样,但它们都有共同的特征,你们发现了吗?"
　　学生:"它们都有力,都要用力;它们都有速度;它们的位置都要发生变化……"
　　(学生都在用具体的例子证明、赞同或反驳某个观点,然后总结出机械运动的特征以及其他运动形式的归类。)

师:"运动的汽车能把人撞倒,所以我们经常会说汽车具有能量。"

生:"是不是只要物体在运动,它就有能量?"

师:"对!并且,这种能称为动能,是因为物体的运动才具有的。"

生:"那我们身边就有好多物体都具有动能,比如说飞机、风扇、子弹……"

有个学生突然问道:"声音也在运动,那声音也有能量吗?"

"声音有能量吗?"好些同学都有疑问。

"有!飞机的发动机声音能把玻璃震碎,说明声音有能量。""声音能将蜡烛吹灭,它具有能量。""还有,超声波能粉碎结石,也具有能量。"……

"对呀!声音具有的能量称为声能。"老师鼓励道。

"哈哈,我现在讲话发出的声音就具有声能。"一位学生笑着说道。

"我知道了,光在运动,也具有能量,那叫光能。"

"电在运动,具有电能。""分子在运动,具有分子能。""不对,那叫热能。""那生命在运动,那是生命能吗?""应该是生物能。"……

学生兴奋了起来,并开始谈到他们听说过的能量。

"那太阳能呢?是不是太阳的运动就叫太阳能?""核能呢?是核在运动?什么是核?"随着同学们提出问题,大家都在积极地讨论,但是都得不到一个完整的解释。

(这些都是学生不容易解决的问题,这时老师可以简要地解释。太阳能和核能。但学生更难想到的是势能和化学能,这是存贮或积蓄起来的能量。)

师:"运动的物体具有能量,那么是不是具有能量的物体一定都在运动呢?静止的物体就一定没有能量吗?"

生:"不一定,我现在没运动,但我很热,我具有热能。"另一位学生说道:"那是你的分子在运动啊!"大家都笑了。

师:"你不仅'热',具有热能,而且还具有动能,那你的这些能量从哪里来?靠什么来补充你体内的能量?"

学生马上回答:"靠饭!""靠食物!""食物也有能量!""食物没有运动,它也有能量,可是这叫什么能呢?"

师:"它叫化学能,是一种被贮存的能量,要在化学变化中才能释放出来。"这时老师可以插入一些能量转化的知识帮助学生理解,比如植物吸收了太阳能后,进行光合作用,合成了有机物,就把太阳能转化成了贮存在有机物中的化学能。

生:"那岂不是所有物体都具有化学能了?因为所有的物体都能发生化学反应。"

师:"除此以外,我们有没有办法将动能积蓄起来,到必要的时候才将能量释放?"

生:"我们可以将能量积蓄在弹簧里,先压缩弹簧后放开,它就有动能了。""我可以将能量积蓄在弓上,搭箭拉弓,一放手,箭就有了动能。""我可以把动能积蓄在一定的高度,我先将物体举起,一放手,物体下落,就具有动能了。"……

师:"我们把被举高的物体或发生了形变的物体所具有的能量称为势能。"

到此,学生已经认识了各种运动形式和能的形式,师生一起将所学知识小结,并开展一个活动使学生对运动和能有一个综合的认识。老师鼓励各小组的同学分别上讲台表演一个生活中的片段或实验,比赛哪个小组能体现出更多的运动和能的形式以及能量与能量之间的转化。

【活动评述】

这堂课从内容上讲非常抽象难懂,知识点较分散,教师没有拘泥于传统的以介绍为主的授课形式,而是引发学生的兴趣后抓住学生的思维火花与学生一起展开讨论,激发学生的发散思维,由学生列举出生活中各种运动和能的现象以及能与能之间的转化实例。教师又引导学生将现象上升到理论高度,然后再组织活动,将所学的知识迁移运用,整个教学活动中教师只是作为一个引导者,设计的问题比较开放,学生的思维被调动起来,体现出以学生为主体的课堂教学模式,课堂气氛相当活跃。

(深圳市南山区荔香中学　罗颖星)

发现身边的科学

【设计理念】

新课改课程提倡通过探究的学习方式,让学生体验教学活动的过程和方法,发展初步的科学探究能力。

《物体为什么会下落》这节课的内容特点决定了它和学生的生活紧密相关。因此,本节课的设计就充分发挥学生的积极主动性,通过探究体验探究的过程和方法,对实验数据和现象进行分析,找出一定的规律。在探究的过程中,激发学生的创造潜能,充分发挥学生的主观能动性,锻炼学生的动手能力,体现了小组内的团结协作精神,鼓舞了学生学科学、爱科学的信念。

在教学过程中,作为辅助教学手段,多媒体能够展现出较为丰富的素材,同时也能够将知识层次间的递进关系更为清晰地展现出来。生动活泼的素材既能给学生更感性的认识又能活跃课堂气氛,知识间层次的展现使课堂显得更加有条理性。

【活动目标】

1. 能叙述重力的意义。
2. 知道重力的方向及重力大小的计算方法。
3. 能叙述 g 的物理意义。
4. 会用弹簧秤测量物体受到的重力。

【活动准备】

1. 分组。为方便活动,每组 4 人。
2. 准备器材。每组器材:重锤(带细线)1 个,弹簧秤 1 个(量程为 5N),钩码 6 个(每个 50g),实验探究记录表一张(见附表1)。
3. 多媒体课件(教师准备)。

【活动过程】

第一版块　复习上节知识

1. 力的产生;
2. 力的三要素(为本节从三要素学习重力作铺垫)。

第二板块　引入课题

利用多媒体通过动画等形式再现了水往低处流、雨滴下落、人跳起又落回地面等现象,由这些学生熟知的现象引入重力。(重力:地球附近的物体由于地球的吸引而受到的力。)

第三版块　实验探究

1. 重力的方向：竖直向下；(学生分组探究：通过对重锤的观察。也有同学没利用所给的重锤，而是根据生活中所熟悉的现象说明问题的。这里应注意"竖直向下"与"垂直向下"的关系。拓展：制作水平仪。)

2. 重力的大小：$G=mg$($g=9.8$ 牛/千克)；(学生分组探究：这里用到前面学的力的测量的相关知识。巡视，若发现较为普遍的问题及时提醒。通过对钩码受到的重力与钩码的质量的关系的分析，得出物体受到的重力的大小和物体质量的关系。注意：g 的单位及其物理意义。)

3. 重力的作用点：重心(引导学生自己设计实验说明，形状规则的均匀物体的重心一般在物体的几何中心)。

第四版块　知识应用

1. 重力的计算：某同学的质量为 50kg，求该同学所受到的重力的大小。

2. 重力的图示：有一个物体重 2 牛，画出它所受到重力的图示。

3. 看故事说出里面蕴藏的科学道理：这里用了 2 个例子。第一个是一个动画，描述的是一个人正在钓鱼，突然水面冒出一个美元的符号，钓鱼者在伸手够的时候掉进了水里。第二个是建于 1174 年，位于意大利西部古城比萨的教堂广场上，举世闻名的比萨斜塔。钓鱼者落水、比萨塔的倾斜，这些现象背后的道理让学生说出来，比老师直接告诉他们要好很多。

第五版块　拓展思考

假如一切物体受到的重力突然消失了，我们的生活将会变成什么样子？

第六版块　阅读资料

课后所附材料《不同星球上的重力》。

【活动评述】

前苏联教育家阿莫纳什维利说："我们所致力的目标，是要找到这样的一种教学方法：不是把知识'填入'儿童的脑袋，而是让他们自己设法向我们夺取知识，通过孜孜不倦的探索去获取知识。"这里强调的就是学生的主体地位。这节课充分体现了这点，学生动手、动脑，积极思考讨论，也充分体现出小组内组员的协作精神。总结这节课的特点，可以从以下几方面说起：

第一，知识衔接好。新课前用几分钟时间温习可能用到的知识，这点充分反映出教育是面对全体学生的教育，而不只是针对少数精英的教育，充分体现出以人为本的思想。

第二，课题引入亲切自然。课题的引入着手于几种学生非常熟悉的现象，显得自然贴切。

第三，课堂形式生动活泼。课堂上绝大多数的知识都要学生去探究、分析、总结，除了自己动手动脑，还知道利用团队的力量分析、解决问题；知识点应用部分也比较务实。所用的例子都有相应的环境，能给学生足够的亲切感，同时也锻炼了学生分析问题的能力。

第四，知识的层次感很清晰。新课前的知识准备中就复习到上节课的力以及力的三要素。而对重力的学习也是从这三个方面学习的。这样，清晰的思路不仅对学生探究起着很好的指导作用,更有利于学生对知识的理解和掌握。

一节课结束了,从此以后,遥远的意大利比萨斜塔也不再陌生,下雨对学生也不再只是下雨,而是蕴藏着科学知识的一种自然现象。科学的课堂给了很多同学一个相同的感觉——科学来自我们的生活,科学其实并不神秘。

(深圳市南山区松坪学校中学部　牛宝玲)

让学生做学习的主人

【设计理念】
　　改变传统的过于注重知识传授的教学模式,通过活动让学生在主动获取知识的同时,体验知识的形成与发展过程,真正成为学习的主体。

【活动目标】
　　1. 理解摩擦力的概念,了解摩擦的利和弊以及摩擦与日常生活的关系,知道增大和减小摩擦的具体方法,会解释生活、生产中的摩擦现象。
　　2. 通过活动,初步学会合作学习,掌握辩论的基本方法,提高表达、交流、评价能力。

【活动准备】
　　1. 课前让全班同学举手表决,认为摩擦力的利大于弊的同学为一组(正方),认为摩擦力弊大于利的同学为一组(反方),然后每个同学分头去收集有关生产生活中利用有益摩擦和减小有害摩擦的材料,并整理归纳。每一大组各推选4位同学作为代表参加班级辩论赛,其他同学可以在自由发言时间段站在本组的立场上发言。设主席一名,计时员一名。
　　2. 学生准备增大或减小摩擦的方法的相关资料、实物、课件、录像。

【活动过程】
　　老师:经过上一堂课的学习,同学们已经知道了什么是摩擦力,即相互接触的两个物体,当它们做相对运动时,接触面间就产生摩擦力阻碍相对运动。摩擦与我们的日常生活息息相关,那么有摩擦到底好不好呢?让我们来辩论一下。

辩论赛
（20分钟）

　　首先由主席宣布辩论规则,先由双方一辩陈述自己的观点,然后自由辩论,最后辩论总结。

　　1. 正反方陈述观点(各3分钟)

正方一辩:同学们,我先讲一个真实的故事。1927年12月21日,英国伦敦由于地面结了冰,汽车和电车的行驶都发生困难,大约有1400人摔坏了手脚,被送进医院。在海德公园附近,三辆汽车跟两辆电车相撞。由于汽油爆炸,车辆全部烧毁。你知道造成这一惨祸的祸首是什么吗?是因为地面太光滑,没有摩擦力！同学们应该知道摩擦力在我们的生活中扮演着一个多么重要的角色啊！没有摩擦力，我们这个世界会成为什么样子？我们吃不了饭，穿不了衣，走不了路，连汽车发动了也走不了，车轮只能在原地打转。所以，我方认为：摩擦力利大于弊！

反方一辩：同学们，我也曾看过一个真实的报道：一辆大卡车装着一车的化学药品，由于车的剧烈颠簸，车内的药品相互摩擦而发生爆炸，损失重大。一辆几吨重的大卡车，竟毁于小小的摩擦力！朋友，听了这样的报道以后，你是否还会感谢这个摩擦力呢？摩擦也会给我们带来很多的麻烦：汽车的轮胎、我们的鞋底，因为摩擦力而在一天天地磨损；机器运转时，由于摩擦会使机器零件发热、磨损，并产生影响我们学习和生活的各种噪音。所以我方认为：摩擦力弊大于利。

2. 自由辩论(10分钟)

正方二辩：刚才反方一辩提到鞋底和汽车的轮胎由于摩擦在一天天磨损，请问：鞋底和轮胎为什么都有凹凸的条纹？是因为要增大摩擦力！人走路时，正是因为鞋底与地面存在摩擦力才推动人向前进的，如果没有摩擦力，人走路会是什么样子？如果没有摩擦力，在路上行驶的汽车将永远停不下来，那该有多危险啦！

反方三辩：可是，同学们是否知道，汽车在运动时，其内部各零件要产生相对运动，会产生内部摩擦力，造成升温、能耗、磨损等等。零件的尺寸和形状因此受到缓慢而连续的破坏，导致振动和噪音，影响工作可靠性和寿命。根据美国汽车学会的研究报告，汽车发动机本身由摩擦消耗的功率达到总功率的30%。据统计，全世界工业部门所使用的能源中，大约有1/3至1/2最终以各种形式消耗在摩擦上。而磨损是各类机器报废的主要原因，磨损造成的损失至少是摩擦能耗损失的12倍。同学们，这么大的经济损失，你们还认为摩擦力好吗？

正方三辩：如果没有摩擦力，我们就听不到美妙的琴声啦！那我们的生活会是多么的枯燥无味！还有呀，你们知道体操运动员在比赛之前，双手为什么先要擦上镁粉吗？是为了增大摩擦力，防止太滑呀！

反方四辩：那我们也想请对方解释一下：为什么要经常在自行车转动轴的地方加润滑油？滑雪时滑雪板与雪间的摩擦是有害还是有益？人们为什么要造气垫船、水翼船？不就是因为它们可以减小摩擦，比一般的船快吗！

正方组同学：高速飞行的陨星进入大气层时，与空气发生剧烈摩擦，猛烈燃烧而发出光亮。要是没有摩擦力，陨星就会直接落在地球上，那造成的损失简直无法估量，也许整个地球都将毁于一旦！

反方二辩：可是宇宙航天器遨游太空时，与大气之间的摩擦也会使它面临着与陨星同样的处境。研究表明，航天器在到达地面60—70千米时，速度仍然保持在声速的20多倍，温度在100000℃以上，这样的高温足以把航天器化作一团烈火！科学家们经过研究实验，给航天器的头部戴上一顶用烧蚀材料制成的"盔甲"，把摩擦产生的热量消耗在烧蚀材料的熔融、汽化等一系列变化中,从而保护航天器不被摩擦产生的热量烧毁!

......

3. 辩论总结:(3分钟)

正方二辩:各位同学,在我们的周围存在着各种各样的摩擦现象,我们应该看到摩擦力给我们生活带来多大的帮助!没有摩擦力,我们甚至于不能好好坐在这里辩论!许许多多普通的现象都会完全变了样!摩擦力有时是有不好的时候,但我们不能以偏概全,更何况摩擦力对我们生活的帮助随处可见呢?所以,我们还是认为:摩擦力的利大于弊。谢谢大家!

反方二辩:同学们,摩擦力是有利,离开了它我们不能生活,但是摩擦力也有弊,而且很多,我们只有明确了这一点,才会及时排除它的弊端,防患于未然,才能让摩擦力更好地为我们的生产和生活服务。所以,我们也坚持我们的观点:摩擦力的弊大于利!谢谢大家!

4. 教师小结

老师:同学们今天的表现都很好,收集了很多很有说服力的资料,通过辩论我们知道了摩擦有利也有弊,那么摩擦力到底是利大于弊还是弊大于利呢?这是一个辩证统一的问题,在日常生活和生产中,摩擦力有时很有用,我们要利用摩擦为我们服务,就需要设法增大;有时又有危害,必须消除它的危害,就要设法减小它。那么,我们怎样增大有利的摩擦,怎样设法减小有害的摩擦呢?下面我们就来学习讨论这个问题。

增大或减小摩擦的方法展示
(15分钟)

教师鼓励学生提供更多有趣的利用摩擦、减小摩擦的事例,学生拿着实物、图片上讲台来展示,并运用所学知识来解释这些现象,总结出增大和减小摩擦的常用方法。在这个过程中,老师只是适当地进行引导和点拨。

作为补充,在减小摩擦的事例中,教师重点出示并讲解了有关气垫船、磁悬浮列车的资料和图片,简单介绍了它们减小摩擦的原理,大大提高了学生的学习兴趣。最后,教师提出两个拓展性问题让同学课外思考:(1)设计一个为某日用品增加或减小摩擦力的方案;(2)观察自行车的构造,思考哪些地方需要增大或减小摩擦,是怎样增大或减小摩擦力的。

【活动评述】

本活动设计将辩论引入课堂教学,同学们在课外收集整理了许多资料,这本身就是一种很好的自我学习的过程,摩擦的利与弊让同学们辩一辩就更加明确了。教师抓住契机,适时点拨、引导学生用辩证的观点看待摩擦的利弊,因势利导地提出怎样利用摩擦的利和怎样克服摩擦的弊这一课题。整个过程始终以学生为主体,学生的学习是积极的,兴趣是盎然的,较好地体现了新课程"让学生在体验知识的形成、发展过程中,主动获取知识"的理念。

(中央教科所深圳南山附属学校 林 琼)

世上只有妈妈好

【设计理念】

母亲的子宫是生命的摇篮,是最初孕育新生命的地方。但是"胚胎在子宫内的发育"这节教学任务又是很抽象的,因为我们毕竟不能靠一些科学实验或者探究活动来进行学习。为了提高学习效果和学习效率,我从情感教育入手,设计一个由学生自主学习,查找相关资料的活动方式,力图使学生通过小组合作学习、相互交流信息的方式,达到学习本节相关知识的同时,从情感上体验母亲的伟大,母爱的崇高,使学生在学习知识的同时,培养理解母亲、尊重妇女的美德。

【活动目标】

1. 懂得"世上只有妈妈好"的科学含义。
2. 了解胚胎发育的营养来源和废物排出的途径。
3. 知道胚胎在子宫内的发育过程。
4. 培养在日常生活中尊重和帮助孕妇的意识。

【活动准备】

课前安排学生按小组分别查找、收集、整理以下三个方面的材料:1. 胚胎在子宫内发育的营养来源和废物排出的途径;2. 胚胎的发育过程;3. 孕妇的饮食起居情况。将这三个组分别定名为"营养途径组"、"发育过程组"和"生活起居组"(以下简称"途径组"、"过程组"和"起居组")。

【活动过程】

新课导入:世上只有妈妈好吗?

师:《世上只有妈妈好》这首歌大家都很熟悉,谁来说说妈妈的好?(话音未落)

生甲:老师,世上不只有妈妈好,我爸爸也很好!

生乙:我爷爷、外婆、姑姑、舅舅也很好!(全班哄笑)

师:看来我们都是家里的小皇帝,得到很多家里人的宠爱哦!家里人都能提供很多东西给我们,比如说……

(学生七嘴八舌地说起来,有的说我爸爸给我买了电脑,有的说我妈妈每天最早起来给我煮早餐吃,有的说我奶奶经常偷偷地给我很多零花钱……)

妈妈的辛苦,妈妈的幸福

师(笑):看来大家对"世上只有妈妈好"这个论点持有不同的看法。应该说大家的意见也是有依据的。但今天的课程内容,就是要告诉大家"世上只有妈妈好"是有一定的科学道理的。我相信大家上完这节课后,一定会对"世上只有妈妈好"有一个全新的理解。好,我们现在暂且不谈这个话题。现在让我们回顾一下,我们上节课学习了人的受精过程,受精完成后形成什么?

生(齐声说):形成胚胎。

师:胚胎在哪里继续发育?

生:妈妈的子宫。

师:胚胎又是怎样从一个看不见的微小细胞,变成一个个生命力旺盛的小宝宝的呢?它的发育是如何得到营养又如何把废物排出?发育过程又是怎样的?妇女在怀孕期间应该注意什么?这些问题上节课就已布置给大家了,三个小组的"研究者"们都准备好了吗?我们这节课一起来交流一下。(教师板书:胚胎在子宫内发育)

小组成员开始讨论,大家都将自己查找的资料拿了出来,互相交流。

师:在生活中我们大家都见过孕妇,应该说孕妇的生活起居方面的情况,我们会更熟悉一些,下面就先请"起居组"的同学们介绍一些你们了解到有关情况吧。

(生活起居调查组的同学们七嘴八舌地议论起来)

生:我姑姑正在怀孕,她每天要比我们多吃很多东西,还经常睡懒觉。

生:我听我妈妈说,她在怀我之前三个月就吃很多东西,养得胖胖的,做好了充分的准备。(众人大笑)

生:我家隔壁有个孕妇,她丈夫每天晚上都要陪她到楼下散步。

生:我发现孕妇行动特别缓慢,总是小心翼翼的。

生:孕妇很辛苦,挺着大肚子,并且经常要去医院检查。

生:我发现有的孕妇很喜欢听音乐和看书。

生:我听说孕妇不能近距离对着电脑和电视看。

……

师(赞赏、鼓励):看来,大家平常还很注重留意观察,非常好!刚才廖映生说他姑姑怀孕要吃很多东西和经常睡觉,为什么?下面的问题是不是应该由"途径组"和"过程组"的同学来解决了?(教师挂图:胚胎在子宫内发育。同学们一个个跃跃欲试,热情高涨。)

生:老师,吃很多东西是为了满足子宫里的小宝宝的营养需要。

师:营养怎么到达小宝宝那里?小宝宝产生的废物又怎么排出去?

生:通过脐带。

生:不对,通过胎盘。

师:光有胎盘没有脐带行不行?光有脐带没有胎盘行不行?

众生:不行,应该是通过胎盘和脐带。

师:为什么通过胎盘和脐带可以将营养输送给小宝宝和排出废物?

生:因为胎盘中有丰富的毛细血管,脐带连接胎盘和小宝宝。

师:刚才有同学说孕妇行动总是小心翼翼的,为什么?

生:为了防止摔倒。

生:为了保护小宝宝不要受到太大的震动。

师：但是人在走路时,尽管再小心,也会有震动的哦!
生：不怕,在胚胎周围有羊水包围,只要不是太大的震动,小宝宝在妈妈的子宫里是安然无恙的。
师：对,有羊水的保护,宝宝是安全的,可是妈妈会方便吗?安全吗?
生：不会,妈妈会随着宝宝的长大越来越不方便,越来越不安全。
师：那该怎么办呢?
(下面的教学活动已经没有小组的限制了,因为这时候每一个同学的参与欲望和主动思考问题的热情都被极大地调动起来了。)
生：去检查是为了看孕妇有没有病。
生：不对,是为了检查小宝宝的发育情况。
师(笑)：孕妇有没有病就不会影响小宝宝的发育情况吗?
生：会,应该是两者兼而有之。
师(赞许)：看来同学们对小宝宝在子宫里的情况还比较熟悉。为什么孕妇还要经常听音乐和看书呢?
生：是为了让小宝宝有个愉快的心情。
师：也就是平常我们所说的……(话音未落)
众生齐声：胎教。
师：太对了。在日常生活中,我们知道有些药品的说明书上往往写着"孕妇慎用"、"孕妇禁用",这是为什么?
生：表示孕妇吃了此类药会影响小宝宝的发育。
师：怎么影响?
众生齐声：通过胎盘和脐带
师：小宝宝要在母亲子宫内呆多久才出来?
生：我常听说"十月怀胎,一朝分娩",所以小宝宝大约在母亲子宫里发育约 10 个月。
生：不对,是 280 天左右,应该是 9 个月左右。那句话应该改为"九月怀胎,一朝分娩"。
师(笑)：不错,有挑战权威的精神。为什么小宝宝有时候被称作胚胎,有时候被称作胎儿?
生：胚胎和胎儿是一回事。
生：不对,受精卵形成后,第一个月前叫胚胎,到了第二个月初具人形,才叫胎儿。到了第六个月的胎儿活动频繁,生长迅速。到了第九个月就发育成熟,可以分娩出来了。
师：解释得非常好,掌声鼓励(全班响起掌声)。所以孕妇在怀孕约 6 个月时,才明显感觉到有胎动。大家想想,当你把手放在孕妇的肚子上,感觉到一个看不见的小生命在不停地动时,你会有什么感想?
生：高兴!
生：神奇!
生：激动!

生：幸福！

师：我们每个人都曾经在自己母亲子宫里呆了约9个月时间,在这9个月甚至更长时间里,母亲为了我们的诞生和健康成长,付出了很多很多。曾经有人问著名节目主持人杨澜最幸福的时刻是什么时候,她回答说：是我怀孕的时候,是我费了好大劲健康地生下我宝宝的时候！确实,天下所有的母亲对自己的孩子都有共同想说的话——宝宝,你是幸福的,我就是快乐的！(此时,不少同学眼中有泪光在闪动)从这个角度,我们是否更加深刻体会到了"世上只有妈妈好"的科学含义？

(此时,全班响起了掌声。最后,在《世上只有妈妈好》的歌声中结束了这节课)

【活动评述】

《科学》是一门科学性很强的综合学科,但是也蕴涵了很多的人文精神。在新课程的改革中,我们必须善于充分挖掘科学课含有的人文性的东西,使学生在掌握科学知识的同时,也能得到很好的人文教育,甚至得到很好的精神洗礼。

在本节课的教学活动中,师生之间、生生之间的互动交流是比较到位的,孩子们的学习兴趣和主动思考的意识被激发出来了。教师还充分利用了这节教学内容的人文资源,挖掘出新生命成长发育过程中,母亲的"艰辛"和"幸福"的背景,使同学们能够更加具体地认识和理解"母亲伟大"的科学含义,使同学们受到了一次很好的亲情教育。

(深圳市南山区学府中学 罗 杰)

真爱需要等待
——记一节性爱观的讨论课

【设计理念】

目前社会存在的错误性爱观,造成中学生身心健康成长以及社会交往很大的困惑,本课设计从学生的情感态度与价值观的教育角度出发,改变传统青春期教育的弊端,引导学生寻找科学认识角度,引发学生思考,理解并确立正确的性爱观。

【活动目标】

1. 引导学生树立正确的性爱观,敢于并且正确直面性爱问题,促进学生心理的健康发展。

2. 学生能够以科学的态度去认识生命世界,确立积极、健康的生活态度。

3. 学会尊重别人的观点,建立开放、民主、和谐的课堂。

【活动准备】

前一节课安排学生浏览 www.greenapple.org.cn,查找自己感兴趣的内容,并思考目前同学们应该具有怎样的性爱观。

教师准备课件《真爱需要等待》,内容以正面的引导和建议为主题。

【活动过程】

一上课,我就打开电脑,展示主题《真爱需要等待》。下面学生开始有笑声,还有的学生就说:"老师,什么是真爱?""老师,什么叫做需要等待?"我笑着对他们说:"等你们上完了这节课,我想你们就会知道了。"

开始正式的讨论之前,我先说了下面一番话:"我今天开了这样的一节课,我相信能够给你们开这样的课的老师是很少的,所以你们要珍惜。而且我相信每个同学通过这节课都会有所收获。现在你们身边包括朋友、亲人和社会普遍没有一个正确的性爱观,我无法改变这个社会和你们的家庭,但是我希望能够改变你们的一些观念,相信对你们今后的生活会有帮助。'性'和'爱'不应该是被忌讳和隐瞒的事情,不应该偷偷摸摸的,应该把它放在阳光下来讨论。嗯,今天的阳光不错!"学生大笑。

开始正式讨论,展示一个问题:你如何理解爱?

问题一出来,教室里开始闹哄哄的。学生在窃笑、大笑,在交头接耳,可就是没有人举手起来说。我想这个问题比较大,需要引导他们一步一步分析。所以,我引导学生的思维方向:你对爱这个字是如何理解的?把你们的想法都说出来,怎么想就怎么说。

没有关系,大胆一些。他们安静了下来,开始认真思考,开始有学生举手了,第一个学生提出爱是一种存在人与人之间的很好的情感。接着又有几个学生提到有父亲母亲的爱。然后就没有举手的,只有窃窃私语的了。我笑着说,还有一种爱是你们现在最关注的,就是异性之间的爱,当然这里包括友谊的爱,还有就是爱情。我说了这个没有什么好忌讳的,想说就说出来。学生又开始笑。然后学生接着就开始说出对环境的爱护等。有个学生在下面小声说:"同性之间也有爱情。"学生们又笑了。我说那是特殊的情况,存在的情况很少。

展示:爱的几种类型。

我说:我们现在就重点来讨论一下你们现在的异性之间朦胧的爱情。你们是如何看待这种感情的?学生现在发言就比较大胆了,他们的观念比我想像中的成熟。几个学生提出这样的爱情一种朦朦胧胧的情感,不稳定,不可过早介入。然后我提出:你们认为什么样的爱情才是牢靠的?他们说:牢固的爱情需要责任心,需要经济基础,需要相互的理解交流,需要双方的付出,需要理智的心态(这个问题学生之间存在意见的分歧)等。其间同学们对精彩的发言都报以热烈的掌声。对于这个问题大多数看法都能够得到学生的赞同。

展示:哲学家和文学家对爱情的看法。

在学生的这个认识基础上,我继续提出:你们认为目前是否真的有必要介入青春期恋爱?这个问题学生的争议最大。有的说:学会爱也是需要实践的,没有实践如何学会?有的说这个年纪没有自制力,容易出现意外(指怀孕,他不好意思说);有的说这样的爱情就像开玩笑一样,很短暂,有的只是一时的心情而已,这样的感情不成熟。他们两种观点就这么摆来摆去,时不时同学们会对一些精彩的话鼓掌。

对于他们的争论,我没有发表任何观点,一直作为一个听众和一个组织者存在。等他们想说的都说完了,用幻灯片展示以下几个内容:1.青春期异性交往是成长的需要;2.在交往中产生微妙的爱情是正常的,但是介入是非常有害的;3.期望同学们不要错过共同的青春列车;4.建议:要学会保护自己的情绪,不要过早地坠入爱河,应积极寻求自己的兴趣点,好好学习,在最好的年纪,最好的岁月,应该做最有意义的事情。要交往众多的男女朋友,才不会一叶障目,才能对异性有一个基本的总体把握。

最后,我祝愿所有的同学以后都能够找到属于自己的真正的爱情,能够建立一个幸福的家庭。

第一个讨论到此结束。

展示第二个讨论问题:如何正确对待性?

我说:对于什么是性我想大家都知道(学生笑),所以我们直接讨论如何正确对待性。这个问题一提出来,学生在下面议论纷纷。我给他们一两分钟的时间,然后看他们还是缺乏一点勇气,又给他们一些鼓励:"没有关系,怎么想就怎么说。摆出你的观点,老师不会因为你的观点和我不同而批评谴责你。"这时,有一个女生举起了手:"我认为神秘是罪恶的根源。如果不让我们了解,反而会引起我们更大的好奇心,这样盲目地去接触,就会受到更大的伤害。"这句话震动了我,因为她思考的深度。全班热烈地鼓掌。这时候我说了这样一句话:"确实,这种事了解得越多越好,参与得越少越好。"肯定了她的观点。接下来几个举手的学生基本上也都涉及到这个观点,希望老师和大人不要逃避这个问题,希望能够多了解一些;认为他们要认真看待,直接面对,不要逃避。其中也包括赞成青春期谈恋爱的那位学生,他说这个东西还是不能涉入的。这时我给出几个事例,看完后班级原来嗡嗡的声音没有了,他们都被惊呆了。我给了他们半分钟的时间沉思。

最后,我摆出我精心准备的"甜点",用幻灯片展示下面几方面的内容:

1. 在青春期遇到与性有关的问题是正常的。
2. 但是不能过早地发生性关系。
3. 还有一个不能过早发生性关系的理由:一个值得你去爱的男孩,首先他会爱你胜于爱他自己,如果你的选择是慢慢来,那他一定会等你。
4. 遇到问题要寻求大人的帮助。
5. 对待爱情的正确态度。爱情对于大多数青春期的男孩女孩来说不过是场游戏,那么需不需要责任?游戏,也是应当讲游戏规则的,何况爱情从来就不是游戏,凡以游戏方式对待爱情的人,必定会被爱情所抛弃。
6. 给出几句让学生好好体会的话:

太多的感情会产生伤害,太多的期望也会造成伤害。

"花到折时只须折,莫待花落空折枝。"人在什么时候,该做什么,就得做什么。

生命里应该有更多的阳光。

这些内容都引发学生深深的思考,没有一个同学开小差,拒绝接受老师的内容。

最后,向学生推荐一本书《藏在书包里的玫瑰》。

这时候下课铃响了。我让学生拿出一张纸做以下调查(可以不写名字):

问题一:你认为老师开这样的课有没有意义?你有收获吗?

问题二:你觉得还可以采取怎样的学习方式?

问题三:你认为目前朋友同学、家庭和社会如何看待性?你觉得他们的看法是否正确?

学生写好后马上交。

以下是最后的反馈结果:

3班(共47人)——100%的学生认为老师开这样的课是有意义的,而且有收获。只有11个学生认为目前社会家庭和朋友对待性的看法是正确的。有一个学生在反馈信息上写着:爱一个人是没有任何理由的,既然你要爱就要爱到底。

4班(共34人)——100%的学生认为开这样的课是有意义的,只有两个学生认为没有很大的收获。他们认为自己都明白这些了,并且不愿意接受老师给予的观点,有自己的看法。有1个学生认为应该更直接些。1个学生的家长能够和他谈性。

【活动评述】

这节课的设计思路是在引导学生摆出自己的观点,鼓励大家共同分析、讨论,由此使学生初步建立对一个问题的看法和观点,然后老师给出科学、理性、公正的分析,获得学生的认同之后,再给学生相应的建议和提出值得思考的话语,让学生去思考其中的含义,明白自己想做一件事之前必须要权衡利弊。这节课不同于其他青春期教育课,没有进行所谓的思想教育,而是从学生周围的环境现状入手,引发学生的共鸣,激发他们的表达欲望,明确我们要以科学的态度来面对老师的教育。学生表达出自己思想的过程,其实就是一个思想整理和形成的过程。很赞成张华教授说的这样一句话:"教育的本质是催生新观念的过程,而不是传递现成知识技能的过程。"

(中央教科所深圳南山附属学校　童冬霞)

我"变成了"老人

【设计理念】
　　人的衰老表现对初中学生来说并不陌生,让学生自演自说更能体现学生的观察与分析能力,提高他们的自学和表达水平。

【活动目标】
　　1. 让学生自主地了解人衰老的表现。
　　2. 让学生知道人衰老的实质。
　　3. 在学生了解老人身心状况之余,学会如何尊老,培养社会责任感。

【活动准备】
　　1. 提前一周布置手抄报的作业。手抄报内容必须涉及人衰老的表现,我国或国外为老人做了些什么,我们应该怎样对待老人。手抄报要求:用A3大小的纸张,版面设计要体现自己的风格,要有独到之处。
　　2. 在作业展板中展示手抄报的优秀作品。
　　3. 教师提前准备奖品。
　　4. 制作成幻灯片:人衰老表现的图片,影响人体衰老的资料。

【活动过程】
　　一、导入
　　总结手抄报作业情况,表扬获优秀作品的同学。
　　"同学们已经都交了一份'老人报',你们对老人的了解应该比原来更多了,假如你们变成了老人,会是怎样?你能表演一下60年以后的你可能是怎样的吗?"(学生议论纷纷。)
　　"谁表演得最精彩,谁就能获得今天老师为你准备的奖品。"这时学生兴奋起来了,争先恐后地举起手。(初中学生对"奖品"两个字还是很喜欢的,不管奖品是大是小,总是能把他们的积极性调动起来。)
　　二、穿越时空
　　1. 学生表演老人要求:尽可能地体现出人体衰老的表现,表现越多越逼真就获胜。
　　表演:
　　杨家棋同学表演得活灵活现的,弯腰驼背,不停地咳嗽,还眯着眼看东西,可就是看不清东西……
　　赖悦超同学坐在最后一排,顺手从卫生角中拿了个扫把冲上了讲台,扮演了一个手发抖、说话不流利、撑着拐杖的老头……

郭琳同学演一位掉光牙齿的老太婆,还走到老师跟前说:"啊,这位姑娘真漂亮,好面熟,叫什么名字?叫什么名字?……怎么就想不起来呢?"这位记忆力衰退的老婆婆惹得全班同学大笑了一顿。

……

时间大约为10分钟左右。

2. 风云榜:全班同学作为评委,掌声最多者获胜。评选结果是有三位同学的掌声非常接近,各有所长,难以取舍。老师说:"他们的表演都那么精彩,可是我的奖品只有一份,那就只有再让他们比一比了!"

3. 再决雌雄:事实上,同学们的表演都非常出色,要区分谁胜谁负是相当困难的。只好让这几位学生补充说明自己刚才表演不到位的地方,这就体现了他们对自己的表现的自觉反思的意识,而且能反映他们在课前完成手抄报所花的功夫了。

4. 鹿死谁手:经过一轮补充论战之后,鹿死谁手呢?由全班同学选出演得最精彩而且说得也是最精彩的同学,老师颁奖。

三、回到现实

1. 老师总结刚才表演情况。

2. 投影幻灯片:老人图片,引入衰老的概念。

3. 通过投影幻灯片(学校附近老人活动图片),引导学生讨论影响人体衰老的因素。

4. 讨论延缓衰老有何办法?引导分析人口老龄化问题。

5. 讨论:如何对待老人?分下列几点进行讨论。

(1) 你是如何对待家里老人的?

你父母是如何对待他们的?

你父母将来也会变老,你又会怎样对待他们呢?

你自己将来也会逐渐地衰老,你如何面对?

(2) 我们可以为老人做些什么?

6. 引导学习衰老的最终结果是死亡,死亡的主要特征以及主要标志。讨论如何面对死亡,分两点讨论:面对身边人的死亡和面对自己的死亡。

【活动评述】

这个活动设计的教学内容跟学生的生活是非常贴近的,也是学生比较熟悉的,而且罗老师在上课前还布置了手抄报的作业,让学生走在课堂的前头。学生了解一定的知识后上课,就更能轻松愉快地学习。这个设计,在前面表演和评比中体现了学生的自主权,让学生自主地学习,自由地发挥,独立地思考。而后面对现实的分析和讨论的部分,让学生充分地讨论,表达也都是符合课改知识、过程、情感三位一体的教学要求的。

应该注意的问题及对策:

学生的表演活动是临场发挥的,现场控制非常重要。也可以提前让学生准备这个表演活动,一是可以让学生把道具、资料准备充分一点,表演得更出色;二是让学生更积极地投入,更主动、更有效地了解人体的衰老。

(深圳市南山区桃源中学 罗佩云)

种子的结构

【设计理念】

1. 立足学生的发展。从创设学习情境入手,激发学生的好奇心与求知欲,使学生在学习过程中体验学习科学的乐趣,让学生的科学素养在主动学习、发现学习的过程中得到发展。

2. 体现科学本质。让学生领会自然界的事物是相互联系的,对自然规律的认识必须接受实践的检验,培养学生积极的科学态度、价值观和对科学及自然界的良好情感。

3. 突出科学探究。科学的核心是探究,给学生提供充分的科学探究机会,让学生体验探究过程的乐趣,培养科学观念和能力。

【活动目标】

1. 设置情景引导学生提出问题,增强学生对提出问题意义的理解。

2. 教学任务寓于科学探究之中,通过对一个问题的探究,完成让学生了解种子的结构及其各组成部分功能的知识目标,体现学生的主体地位,在探究中锻炼学生手脑并用的能力。

3. 通过讨论菜豆的用途,增强学生保护自然和社会可持续性发展的意识,培养社会责任感及进一步建立与自然界和谐相处的生活态度。

【活动准备】

1. 课前两天,浸泡颗粒较大的菜豆和玉米种子,浸泡过程中要及时换水,以防腐烂。

2. 课前一天,在超市购买带种皮的整棵豆苗一束,数量要足够全班同学每人一颗。

3. 为每位同学准备一个培养皿,置于课桌面,内装泡好的菜豆、玉米若干和一棵完整豆苗,及解剖刀、解剖针、镊子、放大镜、碘液。

【活动过程(片段)】

师:(拿起一颗菜豆的种子问学生)这是什么?

生甲:豆子。

生乙:菜豆。

师:它的学名叫菜豆,你们知道它都有哪些用途吗?

生甲:可以吃。

生乙:还可以入药,听说菜豆可以消肿利尿。

生丙:把它种到地里可以重新结出更多的果实。

师：菜豆有很多用途。现在老师想知道,如果世界上只剩下我们手中的这些豆子了,你是把它们吃掉,还是种到地里呢?

(学生们稍作犹豫后,便一致同意,还是把它种到地里。)

师：为什么要种到地里呢?吃了这些豆子会怎么样呢?

生甲：吃了这些豆子,我们就没有种的了。以后也就永远吃不到这种豆子了。

乙：这种豆子也将会灭绝于世,我们的后代也将无法再见到它了。

师：我和大家一样,也会把豆子种到地里,让这个种族永远延续下去,让我们的子子孙孙也能享受到它的果实。

(这时老师拿起一颗完整的豆苗,同时示意学生们观看自己课桌上的豆苗。瞧!这就是一颗种子已经长出了它的嫩芽。教师示意学生们捏捏原来的豆子,咦?怎么里面是空空的,这时一位学生忍不住了,拿着豆苗站了起来。)

生：老师,一颗豆子怎么就会长出根和叶来的?

师：这个问题问得好!我也感到这很神奇,这节课我们一起来探究这个问题,揭开它的神秘面纱,老师希望看到你们出色的表现。大家打算怎么去探究呢?

(同学们都看着老师,没人接话。)

师：一颗种子在适宜的条件下可以生根发芽,成为一棵植物个体。石头可以吗?

生：当然不行了。

师：为什么呢?

生甲：它们不一样,一个是生物体,一个是非生物。

生乙：它们内部的结构是不一样的。

师：你注意观察过种子的内部吗?

生：没有。

师：哦!事物的外显现象可以反映它的内部本质特征。反过来物质的不同结构,就决定了它的独特功能。

生甲：老师,种子内部肯定有特殊的结构,才会生根发芽的。

生乙：也许种子内部就有根和芽呢!

师：如何证明你们的猜想呢?

生：打开种子看个究竟。

师：很好。不过在大家动手之前我要先介绍一下工具的使用和注意事项。

(交代完实验事宜,学生们开始解剖种子进行探究,老师则巡视指导。学生们结合课本,通过对种子内部结构的仔细观察,了解到种子的内部组成;结合胚的结构与整株豆苗对比,分析胚的四个组成部分——胚根、胚芽、胚轴以及子叶在种子发育过程中所起的作用,最后得出结论:因为种子内部有"胚"这样一个特殊结构,才可以在适宜的条件下成长为新的植物个体。最后师生一起系统地对知识进行总结。)

【活动评述】

一、设置情景引导学生提高提出问题的能力。

建构主义认为,只有学习者自己参与问题的提出或确立,才能更清晰地意识到自己的学习目标。当然,不可能所有探究的课题都由学生提出,但是在提倡自主学习和发现学习的今天,学习者自己提出问题也是至关重要的,也是每一位教育者最感困难的事情。这就要求教师开发各种资源,设置情境,调动学生的兴趣,使其产生好奇心,由此大胆提出问题。情景的建立要能引导学生提出用探究可以自我解决的问题。在此,教师采用感观材料,设置让学生观看整株豆苗,并引导学生用手去捏捏原来的豆子,调动多种感官参与,实现教学目标。

二、知识的学习寓于探究活动之中,实现学生的自主学习和发现学习。

发现学习与接受学习的本质区别就在于,学习内容是以什么样的形式呈现出来的。在教学中,学习内容以问题的形式间接呈现出来,学生是知识的发现者,才是真正实现发现学习。本节课的教学重点目标是:了解种子的结构。而教学设计却让学生围绕着"种子为什么会生根发芽,成长为一株植物个体"这个问题去探究,把学生引入对该问题的探究活动之中,在探究过程中发现了种子的胚的结构,实现学生自主学习、发现学习,调动了学生的学习积极性和主动参与意识,也实现了有效教学。

(北师大深圳南山附中　高　山)

营造探究学习氛围　提高学生思维能力

【设计理念】

本教学活动的设计,力求体现学生的探究活动,由学生提出问题、设计方案,通过观察、假设、实验等探究活动提出自己的解释,并通过表达和交流,检验或修正自己的解释。具体操作中,运用现代教学媒体,创设情境,用生动、直观的感受,激发学生学习的积极性和主动性。由此提出要解决的问题,围绕问题设计一系列的探究活动,在做活动的过程中,提高分析和解决问题的能力。

【活动目标】

1. 了解水的主要性质。
2. 通过电解水的实验,知道水的组成。
3. 通过自主探究,培养学生提出和解决问题的能力。

【活动准备】

将全班学生六人一组,分为六个学习小组,准备六套水电解器实验装置,观察记录表等。

【活动过程】

课上放映一段视频录像:"森林茂密的青山之间,清澈的溪流在流淌。转眼,一座巨大的水库,水流飞泻而下,流进一望无际的田野,庄稼在茁壮成长,枝头挂满硕果。忽然,狂风大作,飞沙走石,茫茫沙漠,万物凋谢,城市淹没在沙尘暴里……"

思考:这段录像反映了当今世界一个怎样的问题?

有学生回答:水源枯竭,生态恶化,环境破坏,人类生存受到威胁。

引入:水是地球上的一种重要资源,是生命存在的基本物质。所以,要学习水的基本性质,更好地利用和保护水资源。

引导学生开展探究活动、自主学习:

1.(思考)水有哪些物理性质?

每个学习小组观察桌面上的一瓶纯净水,可以用纸杯品尝一下。

(讨论)水有哪些物理性质?并填表回答:

水的物理性质

颜色	气味	味道	状态	熔点	沸点	密度
无色	无	无	液态	0℃	100℃	1g/cm^3

(归纳总结)

纯净的水是没有颜色、没有味道、没有气味的透明的液体。在4℃时密度最大；在一个标准大气压(101kPa)下,凝固点是0℃,沸点是100℃。冰的密度比水的密度小。

2.(问)水还可以再分开吗？

探究一：水到哪里去了？

活动：桌面上倒一点水,一段时间后,水不见了。

结论：液态的水蒸发成气态的水蒸气,扩散在空中,所以看不见。

探究二：水蒸气是不是水？

活动：给每个小组的纸杯里放几块冰,一会在纸杯外表面结了一层水珠。

结论：水蒸气就是气态的水,物质的性质没有变,只是形态发生了变化。

探究三：水能否变成其他物质？

讨论：有什么办法能让水变成其他物质？

有学生尝试采取通电的办法。

引导：学生观察桌面上的实验装置,能够说出各部分的作用。

活动：如右图组装实验装置。

探究四：如何使水容易导电？

(思考)纯水是极弱的电解质,很难导电。怎么办？

(方法)如果在水中加入强的含氧酸(如H_2SO_4)或可溶性强碱(如NaOH、KOH),以增加水的导电性,则电解就能顺利进行。

(活动)进行水的电解,电解时必须用直流电源(用蓄电池或低压直流电源均可),一般电压用6－12V,电流大一些,电解速率快一点。电解液用5－15％的氢氧化钠溶液。

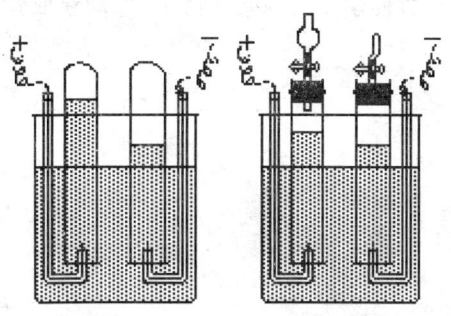

电解水的简易装置

探究五：两只试管内产生的气体还是水蒸气吗？如何检验？

(观察)引导学生观察实验所发生的现象,水通直流电以后,两极分别产生两种无色气体,注意两种气体的体积比,连接正极一端产生的气体大约是连接负极一端产生气体的二分之一。

讨论：电解后得到的气体是同一物质,还是不同物质？产生的气体究竟是什么？如何鉴别？

(活动)用一根带火星的木条接近正极产生的气体,它能使带火星的木条复燃,用一根点燃的火柴接近负极产生的气体,它可以燃烧,并且火焰呈淡蓝色。

结论：正极产生的气体是氧气,负极产生的气体是氢气,氢气的体积是氧气体积的2倍。

探究六：水是由什么组成的？

(思考)水电解后生成氢气和氧气,说明什么？

(结论)氢气和氧气都是单质,分别由氢元素和氧元系组成,所以可以推断出水是由氢和氧两种元素组成的。

（注意）纠正几种错误的认识：

① 水电解可产生氢气和氧气,因此水是由氢气和氧气组成的。

② 在水分子里存在氢气和氧气分子。

由学生自己归纳水的组成：

① 水是由氢元素和氧元素组成的；

② 水是由水分子组成的；

③ 1个水分子是由2个氢原子和1个氧原子构成。

【活动评述】

　　教学的重点是设计好电解水的实验。在新课改理念的指导下，教师不是直接将实验的过程和结论告诉学生，让学生被动地接受知识，而是围绕问题设计了一系列的探究活动，在活动的过程中，学生通过动手操作、动脑思维、讨论交流等活动形式，由自己将问题逐步解决。教师给学生营造了一个良好的学习环境，通过引导学生动手操作、观察现象、思考分析，最后探究得出结论，培养学生观察、分析和解决问题的探究能力，这是本节教学活动设计的关键。另外，形式上由学生小组操作实验，有利于调动学生的积极性，方便学生的观察和讨论，主动获取知识，也是值得肯定的地方。

（深圳市南山区松坪中学　刘永平）

遵循认知规律 科学建立概念

【设计理念】

本节活动课一改传统的教学中直接把密度的概念交代给学生的方法,采取创设教学情境,以学生感兴趣的"鉴别戒指是否是纯金"为线索,由浅入深地设计问题,使学生通过自己的独立思考,寻找解决的办法,最后顺理成章地得出密度的概念,这样就使学生在活动过程中主动建构自己的知识结构,符合新课程"让学生在体验知识的形成、发展过程中,主动获取知识"的理念。

【活动目标】

1. 初步学会通过探究的方法顺理成章地掌握密度的概念。
2. 初步培养学生利用实验来分析问题和解决问题的能力。

【活动准备】

教具:天平、砝码、铜块、铝块等。

知识:天平的正确使用,熟悉上节实验课用过的铜块、铝块等。

【活动过程】

一、创设情境

生活中经常遇到这样的事情:家长花了很多钱买了一枚金戒指,又是怕不是纯金的,而怀疑是用铜假冒的,那么你能否用自己学过的科学知识帮助鉴别一下它是金的还是铜的?(用生活中学生感兴趣的实际问题激发学生思考。)

二、探索研究

1. 对前面提出的问题一时想不出,我们先来看我手里拿着的两个物体:一个是铜块、一个是铝块(上节课我们在实验中用过的且体积相等的铜块和铝块,今天把它外面包有白色的薄纸)。那么你能不能判断一下哪个是铜块,哪个是铝块?(利用类似问题降低难度。)

(将天平放在显眼的地方。)用天平称一下它们的质量。

2. 为了节约时间我们把它们放在已经调节过横梁平衡的天平上。

(上节已经做了用天平测质量的实验,学生对天平操作已经很熟悉。)

此时天平一侧高,一侧低,请同学们判断一下,哪一侧天平盘中的是铜块,哪一侧天平盘中的是铝块?

(当场检验一下同学们的判断,撕去包装,露出颜色提高学生兴趣,增强信心。)

3. 像这样相同体积的铜块和铝块同学能够鉴别,那么不同体积的铜块和铝块你怎样区分？（出示同样包有薄纸的铜块和铝块。）告诉学生标有字母 A 的体积：$V_A=20cm^3$，标有字母 B 的体积：$V_B=30cm^3$，但不知道哪个是铜块，哪个是铝块。你能帮助老师想出怎样鉴别吗？

（学生通过讨论，根据前面鉴别相同体积的铜块和铝块的办法，会想到：称出 A 块的总质量 M_A、B 块的总质量 M_B。再根据比较 M_A/V_A 与 M_B/V_B 的大小来判断。）

快速测出他们的质量：$M_A=178$ 克，$M_B=81$ 克。

请根据你的办法，判断出哪个是铜块？（A 物体。）（当场验证，撕去包装对了很兴奋！）

4. 我们来看一看刚才你的判断依据中：178 克/$20cm^3$ 和 81 克/$30cm^3$，即总质量除以总体积表示什么意思？（$1cm^3$ 铜的质量和 $1cm^3$ 铝的质量。）

我们通常把 $1cm^3$ 或 $1m^3$ 叫做单位体积，由此看来，不同物质的单位体积的质量不相等。

5. 我们刚才就是根据不同物质的单位体积的质量不同这一性质，鉴别出不同物质的。那么同一种物质的单位体积质量是否一样？下面我们来研究一下。

出示投影片，这是上次实验中我们的一组同学的实验数据。请同学们思考通过对下列数据的分析你可以得出哪些规律？

物 体	质量（克）	体积（厘米^3）	质量/体积（克/厘米^3）
铜块 1	89	10	8.9
铜块 2	178	20	8.9
铝块 1	27	10	2.7
铝块 2	54	20	2.7

引导学生分析得出：铜块的体积增大到原来的几倍，其质量也增大到原来的几倍。同学们再来计算一下铜块 1 和铜块 2 的单位体积（即 1 厘米^3）的质量各是多少？比较它们有什么关系？（都是 8.9 克、相等）

6. 通过前面的讨论我们看到：同种物质的单位体积的质量相等，不同物质的单位体积的质量不相等。由此看出，某种物质单位体积的质量，反映出了这种物质的一种特性。物理学中把它叫做这种物质的密度，把 1 厘米^3、1 分米^3 和 1 米^3 叫做单位体积。

三、深入研究

1. 密度就是某种物质单位体积的质量。请同学们根据表中数据看一看，铜、铝的密度各是多少？（8.9 克/厘米^3、2.7 克/厘米^3）

那么我们怎样计算出物质的单位体积的质量也就是该种物质的密度呢？谁能总结一下密度的计算公式？（密度＝质量/体积）

质量用字母 m 表示，体积用 V 表示，密度用希腊字母 ρ 表示，则密度公式变成：

$$\rho=m/V$$（注意 ρ 的写法、读法和单位）

点明如果质量、体积分别用克、厘米^3 作单位，则密度的单位是：克/厘米^3。如果 M、V 分别以千克、米^3 为单位，ρ 的单位就是：千克/米^3。那么，克/厘米^3 与千克/米^3 之间怎样换算？（同样采用会变、会换、会算三步换算。）

2. 观察密度表,看一看铜和金的密度各是多少?表示什么意义?

金的密度是 $19.3×10^3$ 千克/米^3,表示 1 米^3 体积金的质量是 $19.3×10^3$ 千克。

铜的密度是 $8.9×10^3$ 千克/米^3,表示 1 米^3 体积铜的质量是 $8.9×10^3$ 千克。

通过比较,会发现金的密度比铜的密度大,也就是说 1 米^3 中含有金的质量较多,这表明金这种物质的结构怎样?(表明金这种物质的结构紧密。)

同样道理,单位体积铜的质量较小,表明铜这种物质的结构怎样?(表明铜这种物质的结构较疏松。)

由此看出某种物质的密度大小,表征该种物质结构上的疏密程度,反映了这种物质的结构特性,密度概念也因此得名。

3. 请同学们再来看一看水的密度是多少?($1×10^3$ 千克/米^3,要求记住。)

冰的密度又是多少?($0.9×10^3$ 千克/米^3)

我们通过前面的学习知道物质的质量不随状态改变而改变。那么密度的大小是否随着状态的改变而改变?

(迁移运用)

4. 明确了密度的概念,也清楚了金和铜的密度的含义,请同学们讨论一下本节课开始的问题:怎样鉴别戒指是金还是铜的?(测出戒指的质量、体积,算出它的密度,对照密度表来判断。)

那么 1 滴水和 1 桶水的密度哪个大?请同学们认真思考后再回答。(一样大)。

今天我们学习了密度的概念。明确了密度是物质的特性之一。物理学中把某种物质单位体积的质量叫做这种物质的密度。讨论了密度公式 $ρ=m/V$ 及其单位,学习了一种新的更加科学的鉴别物质的方法。以后我们还要学习更多、更有趣的科学知识。

【活动评述】

本节课着眼于学生的认知规律,以学生的思维活动训练作为主要手段,使学生通过探究的方法,顺理成章地掌握抽象枯燥又非常重要的密度概念,与常规的密度的教学相比,收到了事半功倍的效果。同时充分体现了新课程所要求的科学知识与生活实际相结合的教学理念,体现了STS的教育思想。

(深圳市南山区荔香中学　张立伦)

鱼的沉浮和悬浮由什么决定

【设计理念】

科学探究活动是培养学生科学观念与能力的最关键的途径,也是培养创新精神与实践能力最有效的手段。

对于孩子们来说,学习过程技巧比学习科学本身重要得多,学习做科学比学习科学本身重要得多。在这个过程中,教师只是一个引导者、协助者,甚至可充当学生的实验伙伴。

以任务驱动为线索,在探究决定鱼沉浮的因素的过程中,让学生亲身体验科学探究的过程,发展学生发现问题、提出假设、确定方案、动手实验、观察记录和语言交流等能力。

【活动目标】

1. 在学生自主探究的过程中,使学生领悟科学探究的思想,培养学生进行科学探究所需要的能力,增进对科学探究方法和过程的理解。

2. 使学生知道上浮、下沉和悬浮的状态,初步了解形成不同状态的原因——力(浮力、重力)的作用。熟悉鱼的生理结构,能说出鱼鳍的名称,知道鱼鳔的位置。在活动的过程中,让学生初步掌握解剖刀的使用及生物体的缝合技术。

3. 培养学生对自然现象的强烈的好奇心和求知欲;初步养成学生合作精神、协作能力和实事求是的作风,善于与人交流,懂得尊重他人的劳动成果;逐步培养学生的批判精神,鼓励学生依据客观事实提出自己的观点。

【活动准备】

装水 30×30×100cm 鱼缸六个、增氧器六个、150g 鲫鱼若干条、剪刀六把、生物解剖器六套、缝合针线若干、创可贴和消炎粉若干、手套和塑料垫若干、网兜六个。

学生分成六组。

学生探究报告六份、评价报告一份。

【活动过程】

一、明确探究任务

教师:本节课要探究的课题是"鱼的沉浮和悬浮由什么决定",探究方法采用分组实验,小组提出假设,设计相应的方案,共同完成实验,得出结论并上讲台交流,老师依据各小组的实验完成情况评出优秀实验小组。

(教师板书课题:鱼的沉浮和悬浮由什么决定)

二、创设矛盾,确定问题情景

教师:鱼在水中的上浮、下沉以及在水中悬浮不动是由什么决定的?

(学生依据经验会回答鱼是通过改变鱼鳔的大小来完成的。)

(教师板书:鱼鳔大小的改变)

播放人在水中潜水的录像,引导学生回忆自己在潜水时的感受,并观察人在水中的动作。

教师:人没有鳔,人在水中也没有故意收缩和扩张自己的身体,人为什么能在水中自由地上浮、下沉和悬浮呢?

(学生讨论,会发现人是靠手和脚的不停摆动来完成的。)

引导学生观察鱼在水中上浮、下沉及悬浮时的姿态和动作(鱼鳍不停的摆动),引发学生的思维冲突。

(再次讨论鱼的沉浮和悬浮,学生就会提到鱼鳍的摆动。)

(教师板书:鱼鳍的摆动)

教师:鱼在水中的沉浮和悬浮到底由鱼鳔大小的改变来决定呢?还是由鱼鳍的摆动来决定呢?

(介绍控制变量法)

1. 实验探究

各小组推举小组负责人、记录员、汇报员等,成员提出自己的假设,小组形成统一意见,共同设计实验方案,选择器材并动手实验。仔细观察现象,作好记录,共同分析,得出结论,写出探究报告。(背投打出鲫鱼的内脏结构图。)

(教师巡回指导、协助、鼓励、记录各小组的实验过程。)

2. 交流与评价

各小组上台交流,作出本小组的自我评价。

其他小组对台上小组的实验过程和设计提出质疑,台上小组答疑。

教师作出形成性评价。

对优秀小组予以鼓励。

3. 课后延伸

实验探究:不同的鱼鳍(胸鳍、腹鳍、臀鳍、背鳍和尾鳍)分别对鱼在水中的沉浮和悬浮产生什么样的影响?(背投打出鲫鱼的外观结构图。)

【活动评述】

为使探究任务的难度达到七年级学生能接受的程度,本设计中直接将变量控制在两个,以提高学生探究的成功率,增强他们的信心和兴趣。

探究的结果可能是多样的,有的甚至与常规想法相反,在鼓励学生依据事实,勇敢的提出自己的观点的方面,胡老师做得很不错。

附：探究报告和评价报告

探究报告

一、探究课题　　　鱼的沉浮和悬浮由什么决定
二、提出假设
三、设计实验方案
【方案】
【器材】
四、实验过程
五、实验现象记录
六、探究结论

小组自评评价报告

1. 小组分工是否明确、快速？

2. 小组成员是否很快进入探究状态？

3. 在探究过程中，小组成员能否做到主动、团结、协作，短时达成共识？

4. 小组设计的实验方案是否能有效验证所提出的假设？

5. 小组实验过程是否有序、迅速？

6. 小组成员在实验现象观察中是否主动、仔细？

7. 探究报告的填写是否完整、规范？

8. 汇报员的汇报是否简洁明了、观点明确？

9. 实验结论是否与假设相符？如不相符，能否提出新的假设？

10. 实验器材是否收拾完好，摆放整齐？

注：以上各项按完成得很好、好、一般、不好评出 A、B、C、D 四个等级

教师评价报告

1. 小组分工是否明确、快速？

1组	2组	3组	4组	5组	6组	7组	8组

2. 小组成员是否很快进入探究状态？

1组	2组	3组	4组	5组	6组	7组	8组

3. 在探究过程中，小组成员能否做到主动、团结、协作，短时达成共识？

1组	2组	3组	4组	5组	6组	7组	8组

4. 小组设计的实验方案是否能有效验证所提出的假设？

1组	2组	3组	4组	5组	6组	7组	8组

5. 小组实验过程是否有序、迅速？

1组	2组	3组	4组	5组	6组	7组	8组

6. 小组成员在实验现象观察中是否主动、仔细？

1组	2组	3组	4组	5组	6组	7组	8组

7. 探究报告的填写是否完整、规范？

1组	2组	3组	4组	5组	6组	7组	8组

8. 汇报员的汇报是否简洁明了、观点明确？

1组	2组	3组	4组	5组	6组	7组	8组

9. 实验结论是否与假设相符？如不相符，能否提出新的假设？

1组	2组	3组	4组	5组	6组	7组	8组

10. 实验器材是否收拾完好，摆放整齐？

1组	2组	3组	4组	5组	6组	7组	8组

（深圳市南山实验学校　胡余斌）

潜水艇知多少

——一道考试题的评讲引发的探究活动

【理念与目标】

新的课程标准注重培养学生良好的科学态度、情感与价值观,使学生初步认识科学的本质以及科学、技术与社会的关系。

在教学活动中,要从学生的实际出发,注重创设学习科学的情境,激发好奇与求知欲,初步养成科学探究的习惯。并且在探究过程中,不只是接受一些现成的结论,而要敢于依据客观事实向同学甚至向老师提出自己的见解,并能够根据科学事实修正自己的观点,听取与分析不同意见,初步养成善于与人交流、分享与协作的习惯,形成尊重别人劳动成果的意识。

在最近一次的试卷评讲引发的探究活动中,我被学生的执著和探究激情所折服,为学生在后续的中考复习中的那份自信而窃喜。再次以新的课程标准审视自己的教学行为,我深深体会到:为中考更为学生自身的发展,这一次活动的展开是十分必要的。

【活动的开始】

最近,我校的初三期中考试题中有这样一道题:为保证长时期潜航,在潜水艇里要配备氧气再生装置。有以下几种制氧气的方法:①加热高锰酸钾;②电解水;③在常温下过氧化钠固体(Na_2O_2)与二氧化碳反应生成碳酸钠和氧气。你认为最适合在潜水艇里制氧气的方法是(填序号),与其他两种方法相比,这种方法的两条优点是什么。

该题的答案是:方案三。当时,该题的得分率不高。当评讲到该题时,我照例让该题得了满分的学生谈谈对本题的理解。学生谈得很认真:不需要加热、电解等耗能的条件,技术要求不高,简单易行等等。我也顺势让学生想像一下:让 CO_2 过多的空气通过放有 Na_2O_2 的箱子,出来的便是富含 O_2 的空气了,这样还能循环利用氧。当问到谁还有补充时,有一位学生很委屈地说:我觉得方案二也有很多优点,为什么算错?我忙解释到:并不是说方案二是错的,只是方案三的优点更多一些罢了。学生说,那不见得,我觉得方案二的优点多于方案三。是吗?(我故作惊讶地)你不妨也谈一谈方案二的优点,若优点真的多于方案三,答案有可能作一些调整呢!听到这一声鼓励,更多的学生开始七嘴八舌地支持他的观点:方案二中原料的来源好——大海,随时可得;生成的 H_2 可以作为电解水的补充能源,H_2 属于清洁能源呢。我以赞许的口吻说道:这么说方案二还真不错,生成的 O_2 和 H_2 都是宝啊,我还真得考虑一下是否调整该题的正确答案呢。此举马上遭到另外一些已加了分的学生反驳:潜水艇在水中很深处,承受很大压强,如何将水放入?电解水的技术设备又是怎样的?那会有多麻烦?对方也不示弱:你们也麻烦呀,不仅带Na_2O_2,还得带反应后的垃圾Na_2CO_3。这时我才注意到:眼前的学生已形成了两派,再一看时间,离下课仅有一分钟。我抓紧时间鼓励说:对呀,该带一包、两包Na_2O_2,还是一箱两箱呢?课后咱们可以查一查、算一算、议一议,总之,我只相信一句话——以理服人。下次我只关心谁手中的证据最具说服力。

学生自发形成两派阵容:支持方案二(以严子豪、沈光远等学生为代表)

支持方案三(以齐杰、原建超等学生为代表)

活动开始于评讲试卷的课堂,延续在寝室、教室以及办公室等地。

【活动场景略影】

场景一:评讲试卷的当晚,两派学生在寝室里唇枪舌剑,最终以互不服输告终。沈光远等两派代表第二天一大早就等候在我必经的楼梯口处,迫不及待地与老师交流他们的最新发现。

场景二:方案二的支持者三三两两利用课间休息时间在教室里做如下工作:

设潜水艇执行一次任务需航行两个月:

两个月需要的氧气:$V = 30 \times 0.4 \times 60 \times 24 \times 60 L = 1036800 L$

$m = \rho v = 1.429 g/L \times 1036800 L = 1481587 g \approx 1482 kg$

$$2Na_2O_2 + 2CO_2 =\!=\!= 2Na_2CO_3 + O_2$$

156   32

m   1482kg

$156 : 32 = m : 1482 kg$

得出需Na_2O_2的质量:$m \approx 7225 kg$

得出需Na_2O_2的体积:$v = m/\rho = (7225/600)$米$^3 \approx 12$米^3

疑点一:题中说潜水艇供使用的面积仅有10米^3,同理可算出两个月产生的废物Na_2CO_3体积也多达10米^{3}以上。怎么放得下?

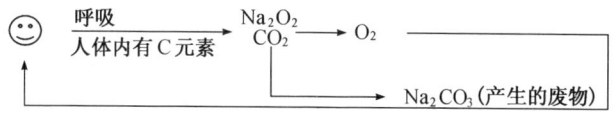

疑点二:因为潜水艇是一个封闭空间,根据质量守恒定律,艇内的所有C元素必定会成为Na_2CO_3的组成成分之一。自然界中的C元素是循环的,这里不需要C循环吗?

场景三:两派学生忙碌的身影不断出现在学习空间(我校的开放式图书馆)、网络空间等地,他们通过上网查阅相关资料等找到能支持自己观点的证据。

场景四:在办公室里,一群学生手中拿着不同的资料,三五成群围着科学组的每一位老师。对于学生连续几天的攻势,我们几位不敢怠慢,也不适时机地上网、查书、相互交流等等。

【活动尾声】

学生通过付出劳动以及不断交流等活动,了解到有关潜水艇的很多常识。例如,潜水艇长期潜航，一般都会每几天浮出水面一次，因此也就不用为两个月带多少 Na_2O_2 而烦恼；但也有一些潜水艇能一次潜行数周甚至数月，这一谜团仍牵动一些学生的思绪；Na_2O_2 不仅用于潜水艇的氧气再生装置，而且还作为隔绝式呼吸器具内的空气再生剂等等。很多学生甚至开始关注载人飞船的氧气再生问题及其他领域的最新科技动态。重要的是，学生一直合作着、交流着、积极探索着，在活动过程中，他们更加热爱科学，对今后的学习充满信心。

现在，已很少有人关注最后的结论是什么了，但活动似乎仍在延续。

【活动评述】

从活动的开始来看，90％的学生不知不觉参与到活动中来，有的是为分数、排名，有的是对知识本身充满好奇，也有的是在好胜心的驱使下想让老师服输等等。可喜的是，学生在活动的过程中早已忘记分数、排名等，到最后完全被潜水艇本身太多的未知数所吸引。以往，初三的学生总以备考为由，几乎没人光顾图书馆、网络空间，在问题的驱使下，部分学生的身影也开始在那里频频出现。通过一系列的探索活动，学生各方面的能力均得到提升。在情感价值观、合作意识以及面对中考等方面，均有较大的转变。活动本身也影响到教师的教学观等等。

由此看来，教学活动的设计不应局限于教学内容本身，新的课程理念时时要求教师要善于捕捉学生的思维、情感等活动亮点，不断鼓励并帮助学生进行更深层次的思维活动，从而发展学生的思维探究能力。

（北大附中深圳南山分校　敖菊花）

科学就在你身边
——对溶液溶解限度的探讨

【设计理念】

立足于学生为本的教育思想,充分发挥学生的主体作用,努力创造适合学生发展的教学模式,精心选择适合学生发展的教学内容,满足学生终身发展的需要,将课堂教学设计成活动课的形式,让学生在动手动脑、合作互动中自主探究,积极主动地学习,并从中体验到学习的乐趣,从而爱学习、会学习。

活动流程:

通过实验创设问题情景→讨论、交流→自主探究→引导释疑→迁移巩固→创新深化→课外延伸

【活动目标】

1. 通过探究,知道饱和溶液、不饱和溶液的区别与联系。

2. 培养学生自主学习、动手操作、互助合作等实践能力。

3. 通过语言表达实验现象、解释现象,培养学生语言组织、表达能力。

【活动准备】

1. 学生自由组合成若干小组。

2. 上课前一天,让学生在家里自配一瓶糖水拿来。

3. 实验器材:

氯化钠固体、硝酸钾固体、蔗糖固体、氢氧化钙固体、量筒、烧杯、玻璃棒、试管、酒精灯、药匙、天平。

【活动过程】

一、创设探究情景

上课伊始,学生们品一品自己配制的糖水,会心地笑了。看得出同学们对自己的"作品"都非常满意。"你们能说说是怎样配制糖水的吗?""把糖放在水中搅一搅不就行了。"一些学生很随意地说着。(那表情好像在说:这么简单的问题也值得问吗?)

教师继续说:"整个过程中,你是否有一些小小的发现?"面对提问,学生们面面相觑,露出吃惊的样子。

"物质溶解是同学们在日常生活中经常会做的事情,今天这节课,我们将在科学实验室再现生活情景,共同探讨物质溶解的有关问题。"

（实验与分析）：取两只试管,注入10毫升水,分别向里面加入氯化钠、硝酸钾固体(用药匙一点点儿加,并振荡)。

学生们全神贯注地做着实验,有的学生喃喃自语道：怎么溶了一点儿就不溶了？

（讨论与交流）：实验中你发现了什么？实验的条件是什么？说明了什么？

学生们的讨论热情、积极,情绪高涨。教师巡视,也适时地加入到学生的讨论当中,充分体现生生、师生互动。

小组代表汇报结果,其他小组加以补充。

1. 氯化钠、硝酸钾固体溶到一定量以后,无论怎样振荡和搅拌,都不能溶解了。
2. 实验的条件：室温；10毫升水。
3. 温度一定,溶剂量一定,溶质的溶解是有限的。
4. 温度一定,溶剂量一定,如果某溶质不能再溶解了,此时形成的溶液就叫饱和溶液。反之,则为不饱和溶液。

二、自主探究

展示学生前面做过的氯化钠、硝酸钾溶液(注：试管底部有未溶解的固体颗粒)。

设疑：它们是饱和溶液？还是不饱和溶液？你怎么知道的？如果是饱和溶液,你能否想出尽可能多的方法,使它们变成不饱和溶液？

学生积极、认真地进行实验探究,有的学生向溶液中加水,还有的给溶液加热。

一些细心的学生还发现：给氯化钠溶液加热不如加水效果明显。

教师高兴地看到,就连平时学习积极性不高的学生也在饶有兴趣地做着实验。教师要尽可能满足学生提出的实验器材的要求,注意鼓励学生的选择,尊重他们的个性差异,保护他们的创造性。

（在教师引导释疑的基础上,学生汇报探究结果。）

1. 我们将溶液分为饱和溶液、不饱和溶液是有条件限制的(一定温度、一定量的溶剂)。
2. 条件改变,饱和溶液可以转化成不饱和溶液(加热、加溶剂)。

思考：不饱和溶液能否变成饱和溶液？怎样做？(留给学生思考空间,使学生在表达、交流中加深对饱和溶液、不饱和溶液的理解。)

三、迁移巩固

学生在合作互助中完成下列问题：

心中有数：如何判断某一蔗糖溶液是否饱和？

开动脑筋：室温下有一杯接近饱和的蔗糖溶液,怎样把它变为饱和溶液？

素质优化：在一定温度下,向100克食盐饱和溶液中加入3克食盐,充分搅拌后,溶液的质量变为103克,此说法对否？为什么？

四、创新深化

生活中我们经常会碰到很甜的糖水,说明浓度很大,那这种浓度很大的糖水是否一定是饱和溶液呢？(教师鼓励学生大胆猜测)

这时,有些学生说是,有的说不是,甚至还有几个学生带着迷惑的眼神表示不好判断。教师适时发问：那我们应该怎么办呢？"实验验证。"大家异口同声地说。

实验分析：取两只试管,注入10毫升水,分别向里面加入2克蔗糖固体、0.2克氢氧化钙固体,并振荡。

(讨论与交流):实验中你有什么发现?与你做出的假设吻合吗?谈谈你的体会。

学生奇怪地发现:蔗糖溶液是浓溶液,但不饱和;而氢氧化钙溶液是稀溶液,却是饱和的。

在学生感到困惑时,教师适时加以引导、释疑,鼓励学生自己得出结论:

1. 对于不同溶质的溶液,浓溶液不一定是饱和溶液,稀溶液也不一定是不饱和溶液。

2. 对于同一溶质的溶液,相同温度下,饱和溶液一定比不饱和溶液浓。

教师补充:

1. 溶液的"稀"、"浓"与溶液的"饱和"、"不饱和"是从不同角度描述溶液性质的两组概念,二者无必然联系。

2. 溶液的"稀"、"浓"是相对的,与温度无关。

五、课外延伸

课后搜集你曾经想过、见过、做过的有趣的事情,并结合你的设想、建议的把它写出来。

结束语:情感共鸣,深化主题

今天这节课,同学们将生活中司空见惯的事情通过不断发现问题、提出问题、解决问题,逐步完善和升华,深化了对它的理解,这就是科学探究。因此,生活中一定要做个有心人,从身边的问题着手,仔细观察,认真思考,科学就在你身边。

【活动评述】

授课教师本着教学应从学生的生活经验出发,注重学生的自我参与、自我体验这样的理念,从生活中最经常、最普通的事情入手,引导学生参与知识形成的全过程,并使学生真正感受到科学就在自己身边,进而迸发出学习科学的激情。

无论学生的经验背景在某一时刻是如何贫乏和微薄,设计的实验是如何得不完善,只要他们有机会从自己的经验中做出一点贡献,这些对成长中的学生来说都很重要。

(深圳市南山区荔香中学 周秋霞)

由野外求生所想到的

【设计理念】
　　水是人类生存和发展必不可少的自然资源。因此,节约用水和保护水源是当前人类面临的重大课题。污水处理,水的净化也越发显得重要。将水的净化和野外求生的本领结合起来定会引起学习兴趣,引导学生自主探究净化污水的方法,体现了新课程"以学生为主体"、强调"自主探究"的教学理念。

【活动目标】
　　1. 认识世界和我国淡水资源的严重危机,增强环保和节水的意识。
　　2. 学会简单的沉淀、过滤、消毒等污水净化方法。

【活动准备】
　　教师准备：污水、烧杯、药匙、明矾、玻璃棒、纱布、棉花、橡皮筋、细沙、小石块、污水处理整体模型等。
　　学生自备：透明的矿泉水瓶等。

【活动流程】

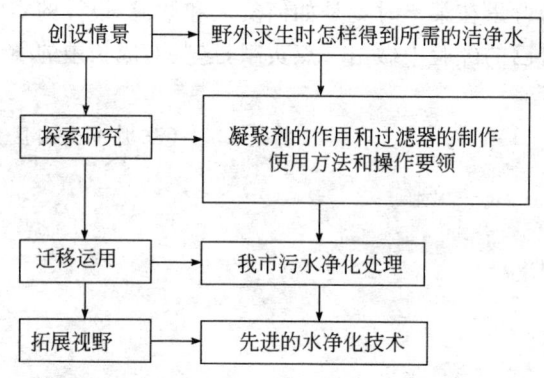

【活动过程】
　　一、创设情境引入课题
　　首先,提出问题：人与水的关系。人体中水所占的比例。一个成人每天消耗多少水?
　　然后情景引入：播放美国特种部队野外作战的录像片段。
　　接着诱发思考：假如你是特种部队的一员,在作战中与战友失散,要在荒山野岭艰难求生,最需要解决的问题是什么?你会怎样解决？(学生讨论)

二、探索研究

最需要的就是寻找水源,但在荒郊野外你能遇到的绝大多数是不洁净的水,你能否经过最简单的处理,将其变成可以饮用的水?(学生讨论)

学生首先想到将其沉淀一会儿,为了加快沉淀的速度我们可以使用明矾,明矾是野战队员随身必备的物品之一。

实验并类比下雨来介绍明矾或活性炭的凝聚剂的作用。点明沉淀法只是将其分离,又怎样将他们除去?请你利用容易带和容易找的材料(即桌面上所提供的仪器)设计一个最简单的净化水的方案并进行实验。(学生讨论后开始设计实验)

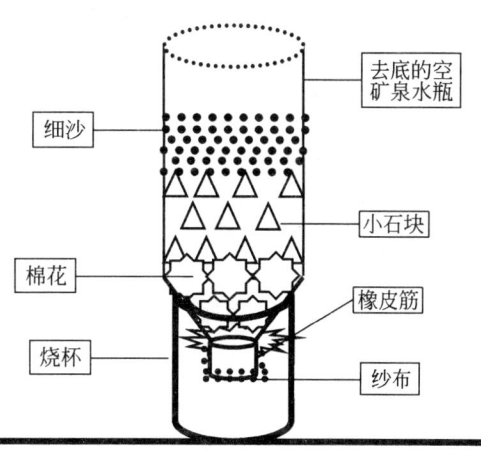

(比较不同实验小组的净化效果,并将净化前后的水样进行对比。)

展示我校自制污水净化模型,说明其基本原理就是我们所操作的过程。

提问:刚才被我们过滤后的变清的水是不是就可以直接喝了?(学生讨论)

补充说明:刚才的处理方法仅是去掉了水中的杂质,水中细菌还没被杀死。因此我们必须要在过滤后的水中再加上药品(氯气、漂白剂)或煮沸消毒等处理,用以杀死水中可能引起疾病的微生物。蒸馏也是净化水的一种方法。沉淀、过滤再加消毒就构成自来水厂水净化的基本过程。(播放自来水厂的水净化的模拟课件)

三、迁移运用

我国是严重缺水的国家,人均占水只有世界的1/4,深圳也是缺水的城市之一。

展示深圳美丽景色与乌黑的河水的照片,形成鲜明的对比。深圳河、布吉河、大沙河、茅洲河、观澜河水质污染严重,面对又黑又臭的河水你会想到什么?

(激发学生处理污水的欲望,提高水的再利用率)

深圳市政府治理河水的决心:五年投入200多亿,提出"一年初见成效、三年不黑不臭、八年江水变清"。同学们将来是否也应该为我市的污水处理贡献一份力量?现在就应该提高自己的环保意识,为我校成为省一级绿色学校添光彩。

(拓展视野)

今年是国际淡水年,6·5世界环境日的主题就是"水——60亿人生命之所系",水的问题越来越引起全球的重视。世界上污水处理的方法还有哪些?(学生讨论)

据你知道一些极度缺水的国家怎样解决饮水问题?(学生列举)

(课后调查)

上网查找其他污水处理的方法,参观我市自来水厂、污水处理厂,看一看技术人员是怎样将河水和生活用水净化处理的,他们的处理方式是否和我们的处理过程类似?

【活动评述】

这节课从一开始就紧紧抓住学生的兴奋点,激起学生探讨问题的兴趣,使学生在愉悦的心情下积极思考、主动探究,团结合作,顺利地掌握水净化的基本方法。又结合自己的实际生活环境的现状,深切地感受到确实应该保护环境、节约用水,真正实现了本节的教学目标。

(深圳市南山区荔香中学　张立伦)

水 的 净 化

【设计理念】

探究是科学的核心,实验是科学探究的基础。探究性实验既重视规律的验证,实验技能的培训,又强调让学生通过实验在科学的学习和研究方法上获得感性体会,给学生提供一个通过亲自探究来学习科学知识的途径。教师只作为一个咨询者、引导者、帮助者和促进者,而学生被看作天生的探究者,以类似科学家那样的学习方式去学习科学知识。知识在师生、生生交互过程中共同构建,学生在可创造的能力范围内探索未知领域,从而培养学生科学的学习方法、创新意识以及价值观念。

【活动目标】

学生通过实验,对处理污水的方法主动探求、发现和体验,对实验信息获取、分析、判断、选择,重在培养解决实验问题的积极的学习方式。学生在可创造的能力范围内探索未知领域,从而培养学生科学的学习方法、创新意识;同时通过对调查和实验结果进行分析,探讨治理污水方案,对学生进行保护环境、热爱家乡的教育。

【活动准备】

1. 动员组织:

(1)活动要求:积极主动善始善终;按要求完成自己负责的工作;配合组内同学共同完成本组任务;勤奋好学,通过询问、查询资料解决活动过程中的问题;独立思考,有创见;成果内容丰富,形式新颖,体现自己的爱好与特长。

(2)组织形式:(不同层次、能力、性别搭配,全员参与)每组六人,推选一名组长。在参与活动过程中,每人负责一项具体工作,可以依据活动步骤和自己的爱好认领工作。组长还要负责组织全组共同完成任务。

(3)活动成果要求:调查报告、小论文、演讲稿、图表、手抄报、漫画、小展板均可。内容可以是整个活动的内容,也可以选其中的一个小专题,要反映出你学到了什么知识,学会了什么,想到了什么,现在该怎样做。每组最少两份,一人一份更好。每份要用不同的形式,反映不同的内容。

2. 提供信息渠道:

联系深圳市松岗自来水厂,组织学生参观。

3. 注意事项:安全、合作、守规。

【活动过程】

师:现在同学们看,你们每组实验台上都有一杯脏水,这是我们班值日生清洗拖布后收集的。大家思考,我们每天都要值日,都要清洗拖布,那些污水都到哪里去了?

生:流经下水道,进入污水处理场,在那里被还原成干净的水后,再流到河流和海洋。

师:很好!那么经过水循环,这些水可能又会成为我们的饮用水。大家想喝这样的水吗?

生:(齐答)不想!

师:今天我们就将这杯污水处理一下。

教师板书:水的净化

师:要想把这杯污水里的杂质除去,首先我们应分析什么问题?

生:看污水里可能存在哪些杂质。

师:好!那同学们就分析一下这杯污水里可能存在哪些杂质呢?

生:可能有泥、沙、粉笔灰、杂草、纸屑、头发。

师:泥、沙、粉笔灰怎么除去?

生:可以将其沉淀。

师:杂草、纸屑、头发怎么除去?

生:可以用过滤的方法。

师:那用什么进行过滤?

生:过滤器。

师:现在老师这里没有现成的过滤器,用实验台上的器材你能制作一个过滤器吗?

生:(看着实验台上的器材,想试一试)

师:一会,同学们可以试一试制作过滤器,用它来净水。大家还能想到其他净水的方法吗?

生:(想说又说不清楚)

师:刚才同学们想到的两种方法,都是在杂质上面下工夫,除了这样,还有其他的方法吗?比如想办法把水提取出来?

生:可以先给污水加热,使水沸腾变成水蒸气,再冷却即可获得净水。

师:好!我们把这种净水的方法叫做蒸馏法。下面各小组就讨论协商一下:你们想用哪种方法对水进行净化?把所用的方法及所需的器材名称填写到实验汇报单上。然后拿着实验单到老师这里领取器材。老师这里有:烧杯、明矾、容量1.5升的塑料瓶、吸管、滤纸、木炭粉、细沙、沙砾、碎石、棉花、污水(清洗脏拖布后的水)、蒸馏装置、酒精灯、火柴、漏斗、漏斗架、玻璃棒、胶头滴管、净水、剪刀、药匙等。

(各小组拿着汇报单领取器材)

1组:采用沉淀法和过滤法。他们所需的器材是:两个烧杯、明矾、漏斗、漏斗架、滤纸、胶头滴管、药匙、玻璃棒。

2组:用过滤法。他们所需的器材是:两个烧杯、容量1.5升的塑料瓶、吸管、滤纸、木炭粉、细沙、沙砾、碎石、棉花、剪刀、药匙、玻璃棒。

3组:用过滤法。他们所需的器材是:两个烧杯、漏斗、漏斗架、滤纸、胶头滴管。

4组：用沉淀法、蒸馏法。他们所需的器材是：两个烧杯、蒸馏装置、酒精灯、火柴、明矾。

5组：用蒸馏法。他们所需的器材是：两个烧杯、蒸馏装置、酒精灯、火柴。

6组：采用沉淀法和过滤法。他们所需的器材是：两个烧杯、容量1.5升的塑料瓶、吸管、滤纸、木炭粉、细沙、沙砾、碎石、棉花、剪刀、药匙、玻璃棒、明矾。

（小组动手实验，教师适当地给以指导，如：使用蒸馏装置时，为避免烧瓶骤冷爆裂，应放几粒小石子；帮助检查进水口和出水口连接是否正确。）

15分钟后小组汇报实验设计、观察到的现象及结果分析。

生（1组代表）：我们组的实验是这样设计的。先采用沉淀法将污水里的大颗粒沉淀下来，为了加快其沉淀并使颗粒凝聚我们加了一些明矾，沉淀后我们又采用了过滤的方法。具体的操作是把滤纸折好放在漏斗里，漏斗放在漏斗架上，漏斗下端放好烧杯接净化的水。大家看：这是我们净化后的水，相对原来已经净化很多了，但还有点浑浊，我们认为可能是实验初我们往漏斗里倒污水时没有低于漏斗边缘所致。

师：很好！总结得不错，并且知道了更为准确的方法：滤液应低于滤纸的边缘。我想如果下次做的时候，你们会把污水处理得更加纯净。

生（2组代表）：我们采用的是过滤法，通过制作过滤器来将污水过滤。制作步骤是这样的：剪去塑料瓶底，在瓶盖上打孔，插入吸管。盖好瓶盖，将瓶子倒放，依次一层层放入棉花、碎石、沙砾、细沙、木炭粉，最后盖上滤纸，慢慢倒入污水。瓶口吸管中流出的是经过过滤的净水。大家看：这就是我们组净化的结果。（骄傲地将盛有净水的烧杯举起）

师：你们是把大的颗粒碎石、沙砾放在下面，细沙在上，为什么要这样放置呢？

生（2组代表）：可以起到抵挡的作用吧。因为细沙在上，即使被水冲下来，还有沙砾挡住，同样碎石可以挡住沙砾。

师：有道理！看2组同学净化的结果，水已经很清澈了。在生活中，我们就可以通过制作简易的过滤器来达到净水的目的。比如，在一些农村地区，从地下打上来的水比较浑浊，当地的农民就是采用类似的方法将水过滤的。

师：下面我们请3组同学汇报实验设计及结果分析。

生（3组代表）：刚才前两组的发言都很精彩。我们组的实验设计与1组的很相似。只是我们直接用的是过滤法。实验过程中发现这样一个问题：由于杂质比较多，导致滤纸上沾满了杂质以致影响了过滤的速度。应该像1组那样，先将大的颗粒沉淀，再过滤会好一些。

师：3组同学肯定了别人的长处，承认了自己的不足。实际上，使用过滤的方法，有很多要求，简单地讲就是"一贴、二低、三靠"（同时演示）。"一贴"指的是滤纸要紧贴漏斗内壁，中间不可留有缝隙，否则，污水会流出，起不到过滤的作用。"二低"指的是滤纸要低于漏斗的边缘，滤液要低于滤纸的边缘。"三靠"指的是漏斗的管口紧靠烧杯内壁，玻璃棒引流时应紧靠三层滤纸的一边，烧杯口要紧靠玻璃棒。同学们在操作时要尤其注意这几点。

生（4组代表）：我们采用的是先沉淀后蒸馏的方法。大家看：这就是我们净化后

的水。(高高地举起)虽然我们的净化水比较少,但我们要的是质量,而非速度。我们的水是最纯净的,是可以饮用的。(一饮而尽)

(学生鼓掌叫好)

师:4组同学以实际行动证明了水的纯净。蒸馏的方法得到的水的确很纯净,里边不再含有其他物质,是纯净物。但操作的过程比较复杂,净化的速度比较慢,耗时耗燃料。

生(5组代表):我们采用的方法与4组一样,都是蒸馏法。但我们得到的水要稍稍多一些,因为在实验初,考虑到水的沸腾需要较长的时间所以我们加入到蒸馏烧瓶的水较少,所以沸腾的时间较短。大家看:这就是我们组净化得到的水。

师:好!5组同学考虑得很周全。下面请6组同学发言。

生(6组代表):我们采用的是先沉淀,后过滤的方法。过滤器的制作与2组相像,这是我们组净化的结果。(举起装有净水的烧杯)

师:今天的实验每个小组做得都很成功!因为相对于原来,水都得到了不同程度的净化。而且很多小组在实验的过程中吸取了经验,总结了不足。下面老师简单地总结一下这几种方法的异同。沉淀法只能使水中的悬浮微粒凝聚成较大的颗粒沉淀下来,而不能除去这些沉淀。但因其操作比较简单,许多净水方法使用之前一般都先将其中的大颗粒物质沉淀下来。过滤法可以除去沉淀,却不能除去已溶解的物质。在一些缺水的地方,农民取出地下水后就是通过沙石的过滤,然后使用。蒸馏法可以除去水中已溶解的物质,将水进一步净化,所以,蒸馏水十分纯净,可以直接饮用。但因其设备较为复杂、昂贵,而且耗时,所以在生活中并不经常应用。

师:这是我们在实验室条件下对水的净化。那么在一些大型的工厂或公司是如何净化水的呢?下面我们就一起来看看深圳市的自来水公司是如何做的。这是我们班的几位同学做的调查,下面我们有请蔡子杰同学为大家讲解。

生:大家好!我们一行6人去的松岗自来水公司,那边操作电脑的是我的助手周智乐。由于是现场录的,所以声音很嘈杂,机器声、水声影响了录制的效果。我们现在采用静音吧,我简单的给大家讲解一下。(伴随着画面讲解)

师:感谢蔡同学的精彩讲解。(同学们鼓掌)通过本节课的学习,我们了解到水的净化是一个复杂的过程,所以在生活中,我们应该保护水资源、尽量减小水污染。课后同学们收集资料,通过上网、到图书馆、新华书店或有关部门查阅资料,了解我们国家在治理水污染方面采取了哪些措施。(下课)

【活动评述】

探究是科学的核心,实验是科学探究的基础。探究性实验是培养学生创造性思维能力和动手能力的重要渠道。本节课的成功之处,在于具备以下几个特点:

1. 科学性。整个探究过程是开放的,学生是学习的主人,教师处于咨询、帮助、引导、参与的位置。要达到净化水的目的,首先分析污水里可能存在哪些杂质,学生自己动手设计实验方案,申请实验器材,培养了学生科学思维的方法,观察和记录实验的方法,从而提高学生的科学素质,这也正是课程改革增设探究性实验的宗旨。

2. 创造性。该实验有一定的新颖性和实验性,充分体现了创造性的原则,运用创造性思维独立地去认识新知识,学生在实验中摸索、尝试,寻找更好的解决问题的方法。

符合学生的认知结构,由易到难,循序渐进。

3. 可行性。由于这部分内容与日常生活、生产实践和先进的科学技术紧密结合,没有超越学生的年龄特征和知识范围,所以实验设计切实可行,使学生能够较顺利地完成探究任务,既没低估也没高估学生的水平。

4. 安全性。该实验没有毒性药品和危险性的实验操作,所以比较安全,可以放手让学生大胆地去探究。

5. 趣味性。本节课从值日生清洗拖布后的污水——这一贴近生活的事实入手,创设了一种有利于探究的开放的背景和途径,使学生认识到污水经过水循环可能会成为我们的饮用水,从而增强防止水污染的责任感以及净水的使命感,有利于培养学生的兴趣,发展学生的特长,激发学生学习的动机,增长他们对新知识的探求欲和探索未知领域的创造欲。

(北大附中深圳南山分校　孙立春)

为深刻理解而教

【设计理念】
　　该让学生自学还是老师侃侃而谈？过去，我觉得关于"臭氧层"的这节课是一节很简单或者不需要老师教就可以完成任务的课。新课程标准强调教学要从学生的生活实践出发，增加学生的体验以达成三维课程目标。因此针对学生的理解环节，我设计了三个逐步递进的建模活动，意在加深学生的体验，从更深刻的层次上理解问题，达成"情感、态度、价值观"方面的教学目标。

【活动目标】
　　1. 通过学习臭氧层知识，了解大气层中臭氧层的作用及其保护。
　　2. 通过计算机建立模型，感受人类今天的行动和明天的结果之间的密切依赖性。
　　3. 学会使用图表来表达两个或多个变量之间的关系。

【活动准备】
　　学生查阅有关臭氧层资料，学会使用模拟世界2000软件。

【活动过程】
　　引入：
　　谁知道在我们蛇口的海上世界那里矗立着一尊什么雕塑？（女娲补天，请一位同学简要叙述这一故事）这个美丽的神话故事跟我们今天所知的科学有点出入：我们地球的外衣是大气层，并不存在这一"笼盖四野"的可补之天。可是到了上世纪80年代，许多世界知名的科学家突然惊呼起来：天真的破了一个洞！这究竟是怎么一回事呢？

　　一、臭氧层的一般特征
　　先复习大气的垂直分层知识，明确臭氧层的位置、成分和特点（对流不明显，上升到这一层的物质可停留若干年，且随地球的自转而平移，因而影响全世界）。

　　二、臭氧层的形成机理及作用
　　1. 氧气的产生——臭氧的产生——臭氧层。
　　2. 学生用Worldmaker2000软件模拟臭氧的形成过程。
　　3. 作用：相当于3mm厚的臭氧层吸收了99％的太阳紫外线，保护了地球上的生物。

　　三、人类活动对臭氧层的破坏
　　1. 破坏现状及原因分析——1995年度的诺贝尔化学奖。
　　2. 学生模拟氟里昂对臭氧的破坏。

　　四、臭氧层破坏对地球生命的影响
　　学生用Worldmaker2000软件模拟氟里昂增加，臭氧减少，紫外线增加，人类皮肤癌等疾病的发病率增加。

五、9.16——世界在行动

1. 世界保护臭氧层日
2. 国际国内的活动及活动目标

六、我们的明天会更好

1. 争当当代女娲——学生谈学习体验和收获。
2. 明天会更好——引述联合国秘书长加利在 2002 年 9 月 16 日的讲话。

【活动评述】

　　这是我的一堂研究课,当时的反应不是很好。在课后的研讨中,也有老师提出：课堂上花大量时间去模拟一些比较好理解的过程是否值得？不过,一周后有听课老师主动跟我说："你那堂课当时觉得没啥,可事后越想越有味。"听到这个说法,我马上找了一些学生,问他们一周前上的这堂课的有关情况,他们一个个记忆犹新,有一个学生甚至说："我爸妈问我学了什么,我在家还模拟给他们看了呢!"

　　其实,在科学教学中,促进学生深层次理解学习需要具备以下三个基本条件：第一,必须向学生提出恰当的探究任务,或者将学生置于有意义的情境中,引导他们主动提出值得探究的问题；第二,必须为学生开展探究活动提供必要的时间和空间,并在资料、材料、设备和指导方面提供恰当的支持；第三,必须组织有效的表达和交流活动,为学生反思和表达自己的探究过程和结果、交流经验、确保教学目标的实现提供机会。对照以上条件,我在上课的过程中引导学生进行了计算机模拟探究,每一阶段给了一个可以探究的任务。不过无法对全体学生提供技术指导,同时也没有组织必要的表达交流活动。今后要改进的是：将不会建模同学的集中起来看教师或其他优秀同学的演示模拟过程再去自主探究；组织适当的表达,让部分学生解释自己所制作的模拟软件,让其他学生提意见。经过这样的学习,学生一定可以更深刻地理解所学知识,对他们的情感、态度、价值观产生积极影响。

（北师大深圳南山附中　胡晓冬）

蓝天不再,祸首是谁

....

【设计理念】

把学习的权利和机会还给学生,为学生搭建自主学习的平台,通过模拟"获取信息、整理信息、分析信息、得出结论、表达成果"等过程,引导和帮助学生亲身体验科学研究的部分过程,同时为同学们提供一个展示个人综合能力和个性的特别舞台。

【活动目标】

1. 学习通过网络获取所需信息,了解人类发展至今与自然之间的不和谐关系的事例或现象,以及带来了人类难以控制的环境问题恶化的局面。

2. 知道空气污染的主要原因。

3. 了解空气污染的不同类型。

4. 知道空气污染的防治措施。

【活动准备】

一、教师的准备

1. 设计活动方案,列举出多个不同的研究专题,提出明确的活动要求,让每个学生都知道自己的任务和具体的操作程序。

2. 将学生分成小组,由学生小组自由选题,并实现分工合作,确保人人参与。

活动方案(见附件)

二、学生的准备

1. 查找相关课题资料,小组交流传阅。历时1周。

电脑室集体上网查找资料,并下载打印。学校没有完成的部分同学在家完成。

2. 撰写个人研究成果,小组提交小组活动小结。历时2周。

在此期间,由同学们自由发挥并自己合理安排时间进行上述工作,老师随时接受同学们的咨询和研究成果,并指导学生修改。

【活动过程】

成果展示汇报课:(背景:正值SARS流行时期)

经过了近一个月的准备工作,同学们急切地盼着展示的机会,他们早就跃跃欲试,今天终于等到了这个机会。焦老师精神饱满、满面春风地来到教室,因为对她来说,今天的课与其说是当教师,还不如说是充当一个汇报会场的主持人。

大屏幕上一幅冒着浓烟的烟囱直插云霄,天空布满灰黄色的云层的大气严重污染的背景画面和一个醒目的彩色标题"大气污染与防治"。

教师：同学们，当今世界，最受人们关注的问题是什么？

同学们：SARS！

教师：对，但是大家知道为什么它会如此备受关注吗？

同学们：因为它是一种烈性传染病，而且人类到现在还没有找到制服它的办法。

教师：是的。大家肯定还知道SARS的主要传播渠道是近距离空气传播，那么它究竟给我们整个社会，甚至整个世界带来了什么样的影响呢？请大家看一组最新数据：

（屏幕显示世界卫生组织在网上发布的最新信息：世界各地区的死亡人数，全球的经济损失和亚洲经济增长率下降百分点。）

教师：由这些数据可见，仅仅只是近距离空气被污染就带来了如此严重的后果，而且随着它的发展，这种后果还将在一段时间内不断扩大。可是，同学们知道世界历史上还有比这更严重的空气污染事件吗？请再看下面一组数据：

（屏幕显示世界各地曾经发生的城市重大空气污染事件资料。）

教师：看到这些历史事实，可见大气的污染已经是一个世界性的环境问题，它正严重威胁着人类和自然环境的健康、协调发展。几周来，同学们通过自己的学习和了解，已经获得了许多有关大气污染的信息和知识，今天就由同学给大家宣讲你们的个人研究成果。下面的时间就交给大家。

陈嘉同学：大家好！我今天发言的题目是"大气的污染类型"。首先，我给大家介绍造成空气污染的主要原因有三个方面，第一，煤燃烧产生的烟雾；第二，石油化工排放的烟雾；第三，汽车排放形成的烟雾。造成污染的主要气体是二氧化硫、二氧化氮和一氧化氮等。

（陈嘉同学边说，边将他的资料在大屏幕上显示出来，俨然一个老练的老师。）

教师：陈嘉同学不仅给我们讲述了空气污染的类型、原因，还给我们介绍了大气污染的多起历史事实，同时分析了其主要的原因，提出了人类发展过程中应该协调环境的问题。谢谢。

张海水同学：大家好！我给大家带来的是关于"酸雨的形成和危害"。大家请看这些图片，"泰姬陵变色"、"国子监遭殃"、"自由女神化妆"……（屏幕上出现了世界著名建筑，但其表面已被严重腐蚀，还有被酸雨腐蚀的树木等多幅图片。）这些都是我们人类只顾自己发展经济而不顾环境的保护带来的后果，这些后果正在严重威胁着我们赖以生存的家园。下面我给大家介绍酸雨的主要成因……

老师：海水同学为我们展示了世界各地因为酸雨所造成危害的事实，同时也分析了产生酸雨的原因、危害以及防治措施。下一位同学！

扬帆同学：我给大家展示的是我们小组同学画的一幅画，名字叫做"保护大气，从我们做起"（他将图画展示给大家）。根据这幅画我写了一篇散文，题目是《蓝天不再，祸首是谁》……

老师：扬帆同学以一篇忧郁的散文，提醒着大家关注我们头顶的蓝天正在一天天变得灰暗，一天天失去光彩。他提醒我们，如果还不对大气污染情况进行保护和治理，我们的后代将再也不会明白什么是"蓝色的天空"和"悠悠的白云"。

杨伟忠同学：致机动车主们的一封信——汽车尾气污染

"叔叔、阿姨们：在现代文明日益发达的今天，汽车已经成为我们必不可少的交通运输工具。可是你们知道吗,汽车的主要燃料是汽油或柴油,汽车排放尾气,在一定条件下,产生复杂的光化学反应,会产生光化学污染气体,给城市环境带来严重的后果……"

老师:杨伟忠同学从我们生活中一个十分普遍的事实——大量的汽车尾气正在威胁着城市的生存环境,倡导我们大家认真思考,我们该怎样才能既享受现代交通工具的便利,又不污染我们生存空间的环境,获得一个人与自然和谐相处的良好环境。

邹雨廷同学:……

郑远燕同学:……

这节课老师在课堂上仅仅只是一个穿针引线的"节目主持人",精彩的"表演"都是由同学们奉献的。

学生的课后感想:

此次活动前后断断续续持续了一个多月,同学们在结束这次活动之时,都发自肺腑地谈到了自己的真实感受。

杨伟忠:别开生面的一堂课

传统的教学方法是老师讲课,同学们在下面做笔记。今天,我们冲破了传统的教学观念,同学们自己走上讲台,给自己和同学们上课。这是一堂科学课,围绕的主题是人类十分关注的环境问题——"大气污染"。这节课里,所有的同学都是老师,我们将自己所了解的知识和在网上查找的资料相结合起来,再给大家讲解。每一位同学都有机会上台,这样一来,我们所了解的知识,远远要比老师所教的要多,要广。我们不但开阔了自身的知识面,而且还得到了一次很好的锻炼。希望能多开展一些这样的活动。

陈前千:新世纪,新教学

我们开展课外活动已经一个多月了。在这些日子里,大家都忙着在生活中、在网上查找许多不同的信息,各种信息资料丰富多彩。一个月下来,我们不仅学到了老师交给我们的知识,还学到了许多课外的知识,还有许多新鲜的事情,是我们从来没有听说过的。这种新的教学形式对于我们每个同学来说都是一种锻炼,是成长历程中的积累。我希望学校今后能够多给我们一些这样的锻炼机会,让我们逐渐拓展自己的发展空间,真正成为21世纪的新人类。

张江水:第一次当"老师"

这次科学老师组织我们进行的活动,原来是要求我们每位同学都来当一回"老师"。我所选择的主题是"室内空气污染"。我从网上下载了一些有关这方面的资料,在老师的指导下,对这些资料进行了大量的删减,再添入一些自己的语言,最后把它制作成幻灯片。

今天,同学们来到了多媒体教室。

马上就该我上台讲课了,心里不觉紧张起来。在一阵掌声中,我鼓起勇气走上了讲台。"今天,我将为大家讲室内空气污染给人们带来的危害。"这就是我第一次当"老师",感觉是又紧张又很想试一试,今天终于成功了,我好开心!

这次活动使我得到了一次很好的锻炼。我不仅学会了一些课本上学不到的知识,还使我深深体会到了当老师的辛苦。今后我会更加努力,更加尊重老师和老师的劳动。

【活动评述】

本次教学活动的设计和活动过程,充分体现了以学生为学习的主体和做学习的主人的教育思想,全过程中老师没有包办代替,没有过多地设置条条框框限制学生的思维,有的只是指导和引导以及鼓励。值得特别关注的是,我们现今大量的老师所理解的让学生利用网络学习就是简单地查询资料,许多老师的做法是让学生在网上查找资料之后,打印并上交,就是成果。而实际上这种做法存在一个严重资源浪费的问题,在这种操作模式下,学生根本不会去仔细研究所查资料的内容,更不用说是去分析、整理和归纳总结,所以结果必然是资料堆积,学生没有从中得到任何学习效益。这个案例的可贵之处就在于不仅让学生有针对性地获取信息,而且让学生将资料信息通过自己的消化过程内化为自己的东西并用独特的方式表达出来。在这个学习过程中,同学们不仅学习了"相关知识",而且还学习了"研究问题的方法",体验到了自己的成功感受,还锻炼了自己综合运用科学知识和社会信息、文字表达和语言表达能力,更重要的是获得了一种自我学习的快乐情感体验,也体验了小组合作的协调过程。

附件:活动方案
主题:空气的污染与保护
——九年级《科学》综合实践活动方案之一
活动目标:
  1. 知道空气已经受到人类活动的污染;
  2. 了解空气污染的主要原因;
  3. 尝试通过自学、查找资料等方法学习保护空气的一般措施;
  4. 创造性地提出保护空气的意见和建议。
活动方式:
  1. 以小组为单位收集资料、分析问题、整理汇报材料。
  2. 小组内分工合作,明确个人任务,人人参与活动。
小组选题:(可任选2个,但各小组不得重复,也可以自行确定其他有关空气污染
         与保护的研究课题。)
参考选题:
  1. 历史上重大污染事件及分析;2. 空气污染的类型;3. 我国各大城市(任选2—3个)空气污染状况分析;4. 空气污染的主要危害;5. 如何防治和减少空气污染;6. 自然界的空气净化能力分析。
活动要求:
  1. 查找资料:结合所学有关空气污染的知识,多渠道查找有关课题资料;
  2. 撰写活动报告:将小组分工、工作程序、资料类型等写成汇报材料;
  3. 设计个人成果:以本组所选课题及收集的资料为原材料,每个人设计一份个人成果,要求各不相同,可以是报告、论文、绘画作品、诗歌、散文、科幻作品、图片、演讲稿、电脑动画等任何形式。每个同学尽量发挥自己的特长和创造力,提交高质量的成果作品。
  4. 展示成果:(1)课堂汇报;(2)作品展览;

(深圳市南山中英文学校　焦燕玲)

空气的污染与防治

【设计理念】

情境是调动学生学习兴趣,激发学生自主学习动机的最主要的外在因素。网络可为学生提供丰富的资源和信息,拓宽知识的广度和深度。本课的设计理念是抓住学生的心理特点,从学生的兴趣出发创设情境,激发学生主动学习的内在动力,引导学生利用网络的优势,结合实验活动,自主探究,使学生学习的重心不仅仅放在学会知识上,而是转到学会学习、掌握方法和培养能力上。

【活动目标】

1. 了解空气污染物的来源,了解酸雨、温室效应、臭氧空洞等环境问题的成因、危害和防治措施。

2. 了解空气质量报告的内容和空气污染指数与空气质量、人类健康的关系。

3. 通过了解大气污染的现状和人类活动对大气环境的影响,增强环境忧患意识,培养环保精神。

【活动准备】

一、制造悬念,布置学习任务

同学们喜欢看侦破小说或电影吗?你们最喜欢哪位大侦探?

喜欢福尔摩斯的同学组成一组,喜欢波洛的同学组成一组,喜欢柯南的同学组成一组,喜欢卫斯里的同学组成一组。请你们也像他们一样来侦破几个案件。

案件一:从20世纪40年代起,已拥有大量汽车的美国洛杉矶城上空开始出现黄色烟幕。它刺激人的眼睛,灼伤喉咙和肺部,引起胸闷,还使植物大面积受害,松林枯死,柑橘减产。1955年,洛杉矶因这种烟雾引起的呼吸系统衰竭死亡的人数达到400多人。

案件二:"我们的地球有点发烧,"科学家警告说。在过去的100年中,全球平均温度上升了0.3~0.6℃。因为地球发烧,两极地区和高山地区的冰川融化,海平面已上升14厘米。在过去的16年间,地球环境有了明显的温度上升的变化,有10年的气温达到了历史最高点。

案件三:患皮肤癌的人数正在世界范围内逐年增加,目前约占癌症患者的三分之一。青藏高原地区白内障患者也逐年增加。

案件四:著名的杭州灵隐寺的"摩崖石刻"近年来佛像眼睛、鼻子、耳朵被严重破坏,面目皆非,修补后,古迹不"古"。

请各侦探小组团结合作,利用网络优势,仔细搜集证据,严密推理,找出上述案件的元凶,了解它们的来源、危害及防止它们继续作案的措施。

不喜欢做侦探的同学请你们分成两组做一些调查:

(一)空气污染物的来源调查小组:

1. 什么是空气污染?空气污染物的来源?

2. 测定空气中的烟尘微粒:

(1)用透明胶带纸粘在中空的硬板纸框中的方孔上(烟尘等固体粒子会附在胶带纸上)制成投影片。

(2)早晨选几个地点(包括要检测的地点,以及同一地点的不同高度)各粘贴一张投影片,并记录时间、位置、距地面高度。

(3)12小时后,把所有的投影片收回,换一张新的投影片,粘贴在原来的地方,并作记录。

(4)再过12小时后,回收所有的投影片。回收投影片时,必须在每张投影片纸框上写上放置的地点、高度、起讫时间。不用时投影片都放入纸盒内。取投影片时手只能拿边框,而不能触及胶带纸。

3. 空气中可吸入颗粒物的危害及防治措施。

(二)空气质量日报与预报小组:

1. 空气质量日报和预报的内容,什么是空气污染指数,它与空气质量和人类健康的关系。

2. 近期深圳市的空气质量日报或预报。

3. 最近期的深圳市空气质量报告。

各组将调查结果制成演示文稿,要求图文并茂、简洁生动、易懂,并且能与其他同学进行互动交流

二、指导酸雨调查小组收集本地雨水,测定降水的PH值,指导温室效应小组做温室效应的成因实验

具体过程如下:

(一)收集雨水,测定雨水的PH值:

1. 在调查区内设几个测试点,在降雨时收集雨水,在收集雨水的同时,做好有关气象记录。

2. 把白瓷板、玻璃棒和试管用蒸馏水洗净。

3. 取出采集的雨水水样10毫升置于洁净的试管中,用玻璃棒蘸取水样,滴在白瓷板上的PH精密试纸上,然后用比色板对照,经过目测即可测出雨水的酸度。

(二)温室效应的成因实验:

1. 取两个钟罩,底部密封好,一个钟罩内充满空气,向另一个钟罩内充入大量二氧化碳气体,盖上已插入相同温度计的活塞。

2. 将两个钟罩同时放到红外线电暖气前照射(红外线为长波辐射),记录下初始温度。

3. 观察两个钟罩内温度的变化,每隔五分钟记录一次温度。

三、找两名同学根据教师提供的材料自编小品,尽可能多地体现环境问题(主要是大气环境问题)

四、绘制一幅与大气污染与保护有关的环保漫画

五、教师准备相关资源

【活动过程】(2课时)

一、散文赏析,情境导入

由一名学生朗读散文《祭原》,师生畅谈感受,创设情境,教师适时引入:地球在漫长的演化和发展过程中形成了适合人类生存的大气环境,这是大自然赋予我们的恩赐。然而人类在利用自然资源发展物质文明,创造美好生活的时候,却忽视了地球的承受能力,使地球变得伤痕累累,地球的大气环境也变得污浊不堪。那么究竟是哪些物质使我们头顶的天空变得不再透明?又是人类的哪些活动使地球大气受到污染?它们已经、正在、将要带来哪些恶果?我们又应该采取哪些措施来保护我们赖以生存的大气呢?这就是我们这节课要来探究的内容。

二、穿针引线、汇报交流、质疑答问

通过精练简洁的语言穿针引线,组织学生汇报交流,引导学生质疑答问,适时点拨提升。

(一)空气污染物的来源

回忆前面学过的知识:大气的主要成分和它们在大气所占的体积分数。大气中这些主要成分的体积分数在一般情况下变化不大,但近年来由于人类活动的影响,一些有害物质进入大气,使大气受到污染。那么大气中有哪些主要的污染物?它们来源于哪里?会产生哪些危害呢?请空气污染物的来源调查小组汇报。

学生质疑答问,教师适时点拨提升。

(二)通过四个侦探小组汇报侦破结果、学生互相质疑答问的形式帮助了解汽车尾气排放、酸雨、温室效应、臭氧空洞等环境问题的成因、危害和防治措施。

(三)通过环境质量日报与预报小组的汇报了解空气质量日报的内容,学会读空气质量日报,了解自己居住的城市的空气质量情况。

三、小品表演《地球与哈雷》、漫画交流赏析加深对空气污染现状的理解

四、师生共结,点拨提升

先让学生谈一谈在上述学习活动中的收获(知识、技能、情感),在学生小结的基础上教师点拨提升,完成板书:

大气的污染与保护

温室效应加剧: CO_2
酸雨: SO_2, NO_x ← 加强国际合作 { 控制排放 / 植树造林 / 开发新能源、新材料
臭氧层的破坏: 氟氯烃

此处应引导学生展开讨论:为什么保护大气要加强国际合作?教师可引导学生分析一些具体事例,如北欧和加拿大上空酸雨的成因,在讨论和具体事例的分析中培养学生的全球性意识。

中国有句古话"水能载舟,亦能覆舟",结合地球与人类的关系谈谈你对这句话的理解。

地球与人类的关系就好像是水与舟的关系,大气提供了可供人类呼吸的氧气,土地提供了人类的生存和活动的场所,水是生物生存的基本保证,臭氧层像保护伞一样阻挡着紫外线,使地球上的生物免受辐射之害,是地球之水托起了人类文明之舟。但是如果我们无节制地滥用资源,任意排放废物,地球也会掀起万丈狂澜将人类这一叶小舟颠覆。所以我们必须尊重自然规律,珍惜和合理利用自然资源,走可持续发展之路,让地球之水永托人类文明之舟。

五、歌曲《梦开始的地方》,深化主题,唤起共鸣

【活动评述】

从活动准备和活动过程的设计上可以看出此案例:

一、注重教学情境的创设。一般的活动准备阶段是教师直接布置一些任务让学生来完成,而在此设计中,教师一开始就从学生的兴趣和喜欢猎奇的心理入手,设置了几个与大气污染有关的"案件",使学生心甘情愿地进入角色,主动开始探究活动。在课堂活动中,教师先是通过一篇环保主题鲜明的散文引入正题,侦探小组汇报之后又利用小品表演和漫画赏析来深化主题,最后又通过环保歌曲来唤起学生的环保意识。

二、重视实践能力和学习方法的培养。在活动准备阶段中,教师不仅巧妙地布置了学习任务,还有针对性地指导各侦破和调查小组通过实验来为自己的推理提供充分的、有说服力的证据,培养了学生科学探究能力和学生的实践能力。网络能够为学生的学习活动提供丰富的资源和广阔的空间。设计者善于利用这一资源为学生的学习活动服务,为学生提供了丰富的相关资源网站,并能够通过学习活动的设计,帮助学生提高利用网络收集和整理信息的能力,学会网络探究的方法。

附注:散文《祭原》——改编自中国地理教学参考《祭原》

小品《地球与哈雷》——改编自中国地理教学参考《地球的呻吟》

(深圳市南山实验学校 徐 琦)

竞赛中学习好快乐

【设计理念】

探究性学习是新一轮课程改革的重要学习方法之一,也是我们广大教师必须加强学习和实践的重要方法之一。新课程的改革实践,不断地推动着我们要改变过去陈旧的教学观念和教学方法,要想办法使学生变"要我学"为"我要学"。鉴于此,在思考关于如何实施"内分泌腺和激素"的教学时,我想在教法上进行一次大胆的尝试,试着改变"教师讲、学生听"的简单模式,为学生设计一个自主学习、合作探究的学习机会。希望学生在活动中有更多思考的机会和空间,培养学生的创造能力,将师生的角色转换为导演和演员的关系。根据这部分知识点多、比较零碎,但难度不是很大的特点,我设计这个小组竞赛的教学活动形式,还希望激发孩子们的求知欲和表现欲,培养他们的集体荣誉感。

【活动目标】

1. 知识目标:了解什么是激素,能说出人体主要的几种内分泌腺及其分泌的激素名称和功能,以及激素分泌不正常引起的疾病名称。
2. 能力目标:能运用所学知识解决生活中相关问题并设计方案。
3. 情感目标:培养学生热爱生命、关注健康的理念。

【活动准备】

1. 相关图片、多媒体课件。
2. 学生分成六组,每组选出一名组长、一名记分员。
3. 同学们课前预习。

【活动过程】

第一环节(导入)

师:上课伊始,先请同学们观看两段录像,思考画面表现了狮子的哪种情绪状态。

片段一:狮子间的母子嬉戏;片段二:一只母狮为保护自己的子女而与入侵者争斗。

生:前者高兴后者愤怒。

师:同学们,你们是否有过特别高兴或闷闷不乐的时候?

生:有!

师:大家知道是什么控制人和动物的情绪吗?

生:神经系统,激素,环境因素等。

师：大家说的都有一定的道理，但从生命科学的角度来看，情绪的产生主要是人和动物身体内特定的激素在起作用。这节课我们重点学习人体的内分泌腺和激素及其作用。

第二环节(你问我答)

同学们相互提问，合作学习。提出的问题先由其他组同学解答，大家都不明白的问题由老师解答，如有师生都解答不了的问题留到课后查资料解决。

第三环节(接力比赛)

给出六种主要激素的生理作用(如下表)，每组同学分别说出该激素的名称、分泌腺体及异常症状，突出重点。

激素名称	内分泌腺	主要的生理作用	异常症状	
			过多症	缺乏症
生长激素	脑垂体	促进生长发育，促进蛋白质的合成和骨的生长	幼年——巨人症 成年——肢端肥大症	幼年——侏儒症
甲状腺激素	甲状腺	促进生长发育，促进新陈代谢，加速体内物质的氧化分解，提高神经系统的兴奋性	甲亢	幼年——呆小症
胰岛素	胰腺中的胰岛	调节糖类代谢，降低血糖的含量，促进血糖合成糖元。	低血糖	糖尿病
肾上腺素	肾上腺	加快心跳的节奏，扩张通往肌肉的血管。		
性激素	雌激素促进雌性生殖器官的发育和卵细胞的生成，激发并维持雌性的第二性征			
	雄激素促进雄性生殖器官的发育和精子的生成，激发并维持雄性的第二性征			

第四环节(考考你)

根据教学内容，精心设计一些问题，由各组同学抢答，每答对一题加 20 分。

由于分组抢答，同学们都唯恐自己的小组落后，每出一题，大家群情激昂，答得不全面的，一定会有同学及时补充，一改过去老师提问没人应或总是少数几个人在回答的局面。当然也有大家都答的不够全面的时候，这时对于老师的讲解，同学们是聚精会神，高度注意，生怕漏掉什么，整个课堂的精神状态比平时采用同样讲解方式时大为改观，效果显著提高。

第五环节(设计实验)

根据教学内容，课前已经设计好了 6 个与激素有关的实验课题。现在由每组组长抽取一题，然后各组讨论，分别设计实验方案，最后组间进行交流，评出最佳实验设计方案。

同学们拿到选题后，迅速开始讨论设计。六个实验内容各异，但实验方案的基本原理是相同的。同学们设计的方案都考虑到了摘除动物的相应内分泌腺或注射相应的激素。各组实验设计基本上都注意到了如何做、结果预测、说明什么，如何设置对照组情况等环节。

我在教室巡回察看，对于大家设计过程中遇到的问题，给予及时的指点和引导。

活动拓展：

为了进一步拓展同学们的学习空间和应用范围，将科学与生活的距离拉得更近，本次活动设计还有一个后续环节，让同学们做了一个课后调查。同学们利用假期到医院询问医生或通过网络查询，了解深圳由激素分泌不正常引起的发病率较高的疾病有哪些？哪种性别，哪种年龄，什么职业的人发病率较高？它给人们生活带来哪些影响？如何预防这类疾病？并写出了论文或调查报告，提醒人们关注健康，关爱生命。

【活动评述】

邹老师这节课，能较好地体现新的课改理念。她根据初中生表现欲强、集体荣誉感强的特点，通过分组比赛的形式，更大程度地调动了学生的学习积极性。在学习过程中始终以学生为主体，使学生经历了自主学习、知识要点总结、运用所学知识解决问题等环节，对培养学生的自学能力、合作探究能力以及语言表达能力等综合素质都有极大的帮助。

（深圳市南山区松坪学校中学部　邹桂玲）

探究帮我找答案

【设计理念】

探究式学习是当今教育界极力倡导的一种教育教学方式,如何实践探究式教学方法,也是我们每个教学一线的教师应该认真研究的课题。在上到这节关于导体和绝缘体的课时,我设计了这样一个教学活动,目的就是要让同学们亲历探究过程,通过自己设计实验、自己验证猜测、自己得到结论等环节,了解科学探究的基本过程。

【活动目标】

1. 培养学生的实验操作能力,掌握基本的实验技能。
2. 了解导体和绝缘体的基本含义。
3. 培养学生主动思考的习惯和能力。

【活动准备】

提前一天在实验室按4人一组准备好所需实验器材,有导线、电池、电流表、小灯泡,还有一些待测的物品等。

【活动过程】

一、电路的简单连接

师:同学们,上节课我们学习了简单电路的基本组成,也学习了电路的简单连接方式。现在我们就来应用上节课学的知识,为今天的教学任务服务。下面请同学们以最快的速度,看谁最先让小灯泡亮起来。

同学们立刻开始连接电路,同组的同学相互合作,不一会,一个个小灯泡在教室的各个地方纷纷点亮。我巡视一周看到大家基本上没有问题。

师:同学们,大家很快就将小灯泡点亮了,说明大家对于电路的简单连接已基本过关。那么我们今天的问题是探究不同物体的导电能力都一样吗?

二、动手实践,答案自现

师:大家看,我们桌上还有很多我们平时熟悉的东西,但我们使用它们的时候,都是与电无关的。可今天老师想知道这些东西究竟有没有导电能力,究竟能不能导电。看看大家能不能帮助老师解决这些问题。实验方案由你们自己设计,下面开始行动。

我以为学生会立即动手,但大部分学生都在傻望着我。怎么回事?我立即反应过来,我提出的问题学生根本无从下手。看起来我把学生过高估计了,必须给一些明确一点的提示。

我拿着一把长尺,对学生们说:"同学们,通过上节课的学习,我们了解了电路的基本知识。如果我用这把尺子接在电路上,会怎样呢?"

课室里顿时热闹了,有的说:"老师要触电的。"有的说:"不可能。"还有的同学说:"条件不足,不能判断。"

我请那位"不能判断"的学生谈谈观点。"因为老师您没有说明是否是闭合电路。""对,我们怎么就没有发现呢。"学生们赞同地说道。

我紧接着问:"如果是在闭合电路中,那会怎样?"

"会触电。"

"不会。"

两种观点的学生还是争论不休。这时一位学生站起来了:"别争了,我们验证一下不就行了吗!"

我立即问道:"怎样验证?"

"那还不简单,把尺子当作导线接在电路中就行了。"还是刚才那位学生说。

"那怎么知道它导不导电?"我问。

"把小灯泡接进去,灯泡亮了,说明有电流通过。"这位同学对答如流。

"好,请同学们画出电路图。"

有些学生已经画出来了,我让一位同学到黑板上画,并说:"请根据电路图连接电路。"动作快的学生已经接好电路,学生纷纷叫嚷:"老师,灯不会亮,尺子不导电。"

"那再用你手中的任何东西去试一试。"

有一位学生举手说:"老师,我用钥匙替换尺子去试,发现灯不亮。但是我从课外书上知道金属是导电的。"

我再问学生:"那你们说说是怎么回事?"

有学生说:"可能是电路没有连接好吧。"

"不对,我用导线试,灯会亮。"

突然有一位学生叫起来:"我知道了,钥匙的电阻比较大。"

我赞许地朝这位学生点点头。"对,有关电阻和电流的知识以后我们会学。那么,除了小灯泡外我们还可以用什么方法显示或说明电路中有电流通过?"

"可以,我们可以用电流表来测试。"因为学了电流表的知识,学生很快就回答出来,并且将电路图进行改正。然后学生用他们身边的物体来测试这些物体的导电能力,最后得出哪些是容易导电的物品,哪些是不容易导电的物品。

【活动评述】

通过探究式的学习方式,让学生自己得出生活中或自然界的许多东西的性质并不是相同的,物体的导电能力的明显不同就是很好的证明。本次教学活动的重点不在于知识点有多大的难度,而在于我们如何去引导学生努力通过自己的思考、实践去发现问题并想办法解决问题。这是这个教学活动比较成功的地方。它充分调动了学生学习的积极性和主动性,让学生真正成为了这课堂的主人,成为了学习的主体。

(深圳市南山区荔香中学　黄淑芬)

在知识建构中体验探究乐趣

【设计理念】

根据《科学课程标准》的要求,全面提高每一个学生的科学素养是科学课程的核心理念。科学的核心是探究,应给学生提供充分的科学探究机会,让学生通过手脑并用的探究活动,体验探究过程的曲折和乐趣,学习科学方法,发展科学探究所需要的能力并增进对科学探究的理解。

【活动目标】

知识目标:理解电阻,记住电阻的符号单位,理解影响导体电阻大小的因素。

能力目标:通过对影响导体电阻大小因素的探究,使得学生学会怎样来设计电路和做探究性的实验,使得学生进一步学会运用控制变量的方法。同时进一步提高学生的实验操作技能。通过实验表格设计和实验结论的得出,培养学生记录、整理、分析数据的能力。

情感目标:通过探究影响导体电阻大小因素的过程培养学生大胆提出假设、验证假设的科学精神,发挥学生的主体作用。通过探究类的实验培养同学探索未知世界的好奇心和毅力。通过分组实验学生学会团队协作的精神。

【活动准备】

干电池、带灯座的小灯泡(2.5V,0.3A)、开关、铜导线、电阻丝(可用拉直的电炉丝替代)、材料、长度粗细不同的电阻线(或电阻定律演示器)、直流电流表(0－0.6A)、废日光灯的灯丝、酒精灯、镊子、导线若干。

【活动过程】

课题的引入:课前已布置学生调查家用电路所用的导线材料。有的学生提出问题:为什么家用电路一般用铜导线而不用铁导线或其他材料?为了增加学生的感性认识,又做了以下实验:让同学们连接一个简单电路,将电流表接在电路中。观察灯的亮暗情况并记录电流的大小。现在请同学们将导体A接入电路,观察电灯的明暗和电流大小。请同学解释这个现象,说明导体虽然可以导电,但是对电流有阻碍作用,从而引入电阻这个物理量。讲解电阻的符号,单位,单位符号,电路符号等。

请同学将导体B接入电路,观察电灯的明暗和电流的大小。发现电流更小,说明导体对电流的阻碍作用各有不同。我们共同来探索影响导体电阻大小的因素。

请同学们猜想影响导体电阻大小的因素会有哪些,鼓励学生多提出一些自己的猜想,并说明猜想的依据。选取可行性较强的因素,并根据学生自己所提出的因素来分小组,选取组长,设计实验。并由组长结合本组同学的意见提出实验所采用的方法,所需要的器材,并要求每组学生设计实验电路、实验记录表格,实验步骤,实验验证,得出相应的实验结论。

实验采取了三根电阻丝,第一根是长度80厘米较粗的镍铬丝,弯曲绕好后钉在线路板上,在一半的地方标上"长度40厘米",第二根是长40厘米较粗的铜丝,第三根是长40厘米较细的镍铬丝。实验装置如下图所示。教师事先并不告知学生应该如何实验,让同学自己在实验过程中运用控制变量的知识选择材料进行实验。实验过程中,不时地给学生以指导。让学生及时纠正实验中的错误。实验中检查学生的表格和数据记录情况,培养学生记录整理数据的习惯。

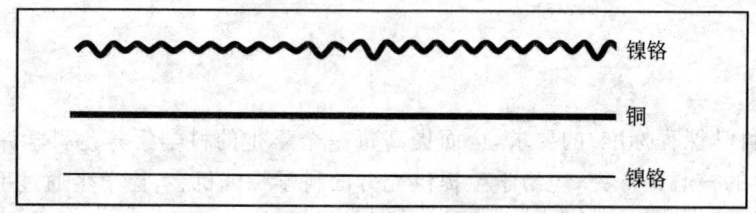

活动流程图:

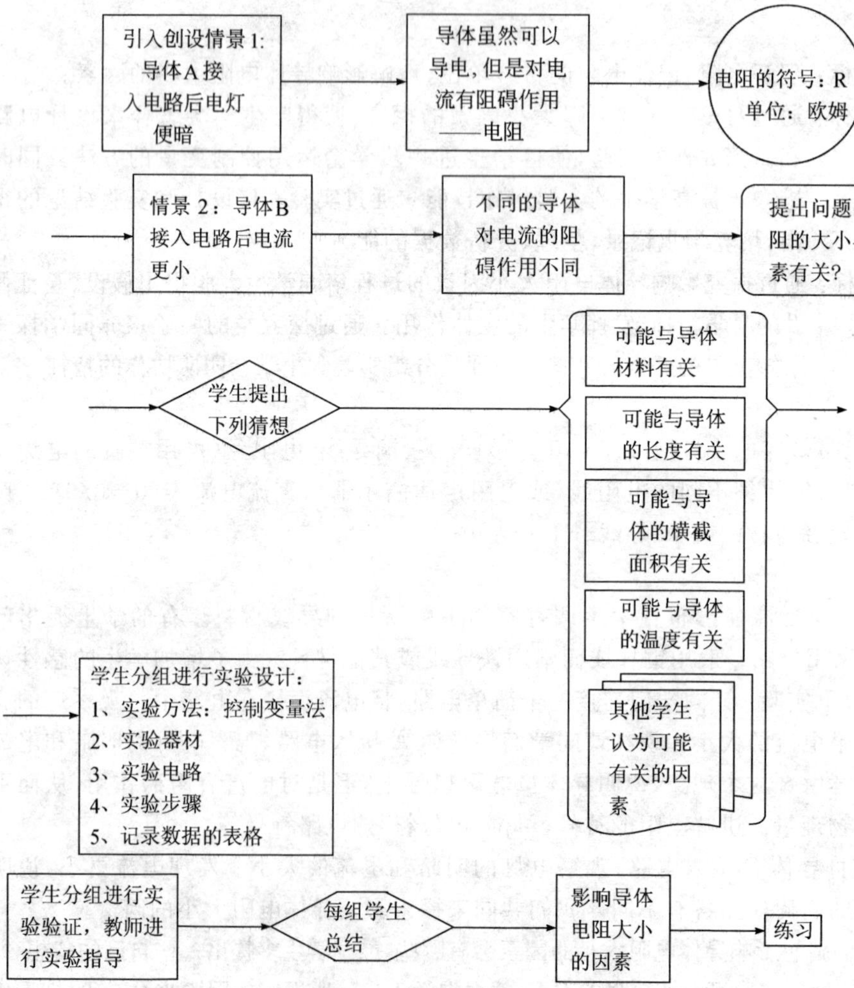

引入创设情景1:导体A接入电路后电灯便暗 → 导体虽然可以导电,但是对电流有阻碍作用——电阻 → 电阻的符号:R 单位:欧姆

情景2:导体B接入电路后电流更小 → 不同的导体对电流的阻碍作用不同 → 提出问题:导体电阻的大小与哪些因素有关?

学生提出下列猜想:
- 可能与导体材料有关
- 可能与导体的长度有关
- 可能与导体的横截面积有关
- 可能与导体的温度有关
- 其他学生认为可能有关的因素

学生分组进行实验设计:
1、实验方法:控制变量法
2、实验器材
3、实验电路
4、实验步骤
5、记录数据的表格

学生分组进行实验验证,教师进行实验指导 → 每组学生总结 → 影响导体电阻大小的因素 → 练习实验结束后,请每组派一位同学,将自己设计的电路、表格和数据带上来向全体同学讲解自己的实验过程和结论。最后由同学共同来总结影响导体电阻大小因素的结论。

由于教学过程的开放,除了导体的长度、材料和横截面积、温度之外,学生会提出很多影响电阻大小的因素,必须在材料上有充分准备。最后还要对学生提出的这些因素进行总结。

【活动评述】

本活动设计的特点在于如何实现在教师引导下学生自主探究的过程,将科学探究与学习科学有机地结合起来。袁老师首先通过让学生调查与生活有关的问题,激发学生探究的动机,通过演示实验引导学生提出问题、进行猜想、设计实验方案、实验探究、交流实验结果、得出结论,再应用实验结论来分析解决实际问题,促进学生把感性的认识上升为理性认识及理性认识的迁移,促进学生抽象逻辑思维的发展,提高学生分析和解决问题的能力;通过及时处理学生实验中出现的典型性的问题,使学生不仅学会正确的实验操作方法,而且学会正确处理数据并得出正确的结论,使学生的多项能力得到训练。本活动设计突出科学探究的学习方式,让学生通过手脑并用的探究活动,体验探究过程的乐趣,学习科学的方法,发展科学探究所需的能力并增进对科学探究的理解。突出了控制变量的意义,使学生在探究的过程中学习一种普遍的实验研究方法。

(深圳市蛇口学校中学部　袁晓东)

空气的组成

【设计理念】
"空气的组成"是浙江教育出版社《科学》第四册第二章第一节的内容。以环环相扣、层层递进的问题推进教学的展开,力求使科学发生、发展的探究历程与学生思维认知递进的逻辑思路相吻合,搭好学生思维的脚手架。

【教学目标】
说出空气的主要成分,体验科学的思维方式和研究过程,树立环保意识。

【活动准备】
集气瓶、水槽、钟罩、燃烧匙、酒精灯、玻璃片、吸管、线香、火柴、红磷。

【活动过程】

一、引入

回顾以往已经学习过的相关内容作为新知识的生长点,激情引趣,自然过渡到新的教学内容中来。

师:人们常把地球比喻成母亲,因为她养育了地球上的万物生灵,那么,我们又将什么来比作地球母亲美丽的外衣呢?

生:大气。

师:试想一下,如果没有这件美丽的外衣,地球上会是一番什么样的景象呢?

生:没有灿烂的云霞,也没有鲜活的生命,白天酷热,夜晚奇冷,大地一片荒凉死寂,恰如现在的月球。

师:所以,我们就要格外地珍惜她,爱护她,更要深入地认识她、研究她。同学们已经知道哪些有关空气的知识呢?

生:空气是混合物,无色、无味,看不见、摸不着……

二、切入主题

教师由此开始引申出这堂课的主题,并明确这堂课的研究任务。

师:那这些有关空气的知识是人类什么时候才发现的呢?

生:?

师:近一两百年。

生(惊讶):这么晚啊?

师:是啊,空气的存在已经很久很久了,人类的历史也已经很长了,但为什么这些知识发现得这么晚呢?

生：(作各种猜测)

师(总结)：空气看不见，摸不着，无色无臭无味，研究起来难度很大。我国唐朝晚期就曾经有人想研究所谓的"阴气"，其实就是空气中的氧气，终因难度太大而浅尝辄止，不了了之。

生(好奇)：那人类又是怎么研究空气的呢？

师：今天这堂课，就让我们追寻着当年科学先辈们的足迹，来体验一下他们科学的思维方式，验证一下他们的逻辑和智慧，揭开空气组成的秘密！(点题)

三、主题探讨

教师顺势引发出依次递进、环环相扣的系列问题，相关的教学内容都将由这系列的问题串联而成，问题解决的过程即教学展开、深入的过程。

师：要研究空气，首先要做的事情是什么呢？

生：收集一瓶空气。

师：我们怎样来收集一瓶空气呢？

生：(开始动手。有的打开瓶盖有的用嘴吹气有的用排水法收集……)

师：(比较各种方法的利弊，得出排水集气法比较好)

师：我们能否尝试着用排水集气法来收集一瓶空气、一瓶人体呼出的气体呢？

(学生分组实验。实验完毕。)

师：用燃烧的线香分别放入这两只集气瓶中，看看会发生什么？

生：在空气瓶中继续燃烧，在呼出的二氧化碳集气瓶中很快熄灭。

师：为什么？

生：线香在二氧化碳气体中不能燃烧，在空气中却能燃烧。为什么在空气中却能燃烧呢？

生：因为氧气助燃。

师：那么，空气中的氧气到底有多少呢？在空气中，氧气占多大的比例呢？

生：？

师：法国化学家拉瓦锡在1774年攻克了这一难题。他也因此成为那个时代研究空气最著名的代表人物。现在，大家模仿当年拉瓦锡的思路，要研究这一问题，我们应从怎样的一种角度来思考呢？

生(得意)：收集一瓶空气，再把其中氧气的体积算出来。

师：怎么算？

生(疑惑)：？

师(启发)：收集一瓶空气，如果能够除去其中的氧气，并想出办法算出除去的氧气占整瓶空气的体积比例不就行了吗？

生(豁然开朗)：对啊。

师：怎样才能除去一瓶空气中的氧气呢？

生(坚决)：燃烧。

师：燃烧什么物质最好？

生(猜)：炭？

师：炭和氧会生成一种新的气体——二氧化碳，二氧化碳再混入集气瓶中，旧恨未报,又添新仇,不行。

生(笑,再猜):蜡烛?

师:蜡烛燃烧也会生成二氧化碳和水汽,不行。

生:?

师(总结):燃烧的物质必须不生成新的气体,不产生大量的热量,燃烧速度快。拉瓦锡用的是银白色的液态汞,它既不生成新的气体,也不产生大量的热量。

师(引导):那要燃烧到什么程度?

生(肯定):要将一瓶空气中的氧气全部耗尽。

师:很好,要尽可能多地装上要燃烧的物质才行。拉瓦锡给液态汞整整加热了12天才将容器的氧气完全耗尽。

师:用什么办法算出瓶内除去的氧气占整瓶空气的体积比例?

生:?

师(启发):容器中的氧气减少,意味着空气减少了一部分,其中的压强也将随之减小,能否根据压强减小的特点来设计实验呢?

生(恍然大悟):是啊。但怎么设计实验呢?

师:(拉瓦锡的实验装置及原理的展示:将钟罩直接倒扣在水槽中,加热其中的液态汞,随着汞与瓶中氧气的反应,瓶内氧气逐渐减少,瓶内压强也随之减少,水槽中的液体就会进入瓶内,液面上升的体积即为瓶内耗损的氧气的体积,计算该体积占瓶内总体积的百分含量。)

师:如果我们今天来验证拉瓦锡的实验,已经不需要十几天了,因为液态汞将被红磷取代,红磷燃烧速度很快,和氧反应生成固体的五氧化二磷。复杂的装置也大大地简化了。我们将直接点燃烧匙中的红磷,立即伸进钟罩里,同时塞紧橡皮塞,观察红磷燃烧和水面变化的情况。

生(兴奋):老师,我们自己试试看吧!

师:好吧!

(学生分组实验,验证空气中氧气的含量。几分钟后,实验结束)

师:除了氧气,空气中还有哪些组分呢?

生:(七嘴八舌地讨论)

师(总结):空气中的固定组分有:氮气、氧气、稀有气体等,可变组分有:二氧化碳、水蒸气、造成大气污染的物质等。在拉瓦锡之后又过了一百多年,科学家们发现了空气中还有0.94%的稀有气体、0.03%的二氧化碳和0.03%的其他气体和杂质。(展示课前制作好的课件——空气组成饼状图。)

四、主题升华

教师就此主题勉励大家从我做起,从身边做起,保护环境,保护地球,做一个环保的绿色小卫士。

师(最后鼓励,呼应开头):今天,随着全球环境污染的加剧,越来越多的有害物质被排放到大气中造成空气污染。所以,我们要强化环保的意识,爱护大气层,保护大气层,使得地球母亲这件珍贵的外衣永远清新、永远美丽!

【学生反馈】

真想不到,看不见、摸不着的空气研究起来难度这么大!科学家的思路是多么的巧妙,科学在继承的基础上前进和发展,充满了智慧。老师清晰的讲课思路和生动的语言仿佛让我们亲手触摸到了这一段科学的历程,也让我们更加珍惜今天的大气层,珍惜今天的地球。

【活动评述】

探究性是科学知识形成过程的本质特征。在科学探究中提出问题、建立猜想和假设的环节,实质上是一种创造性的思维方法。传统的教学模式往往将探究的最终结果直截了当地灌输给学生,而忽略了通过这样的过程来引发学生积极的认知感应,使其在其原有的基础上构建新的知识体系,适时地培养学生的实践精神和创新能力。本堂课正是在新课程理念的指导下选择了传统教学内容来做的尝试与探索。空气看不见、摸不着,要研究它,我非常注重使学生理解应该如何寻找切入点以及正确的研究方法是如何产生的,努力让学生的探究思路与科学史上科学家们的研究思路吻合在一起,进而给予学生"渔"而不仅仅是"鱼"。

(北师大深圳南山附中　陆　晖)

让课堂带给学生美的享受

【教学内容】

浙江教育出版社义务教育课程标准实验教科书《科学》第三册第2章第3节"大气的压强"。

【设计理念】

大气的压强在现实生活中有极其广泛的应用,但对于学生来说,虽终日生活在大气之中,却不容易感受到大气压的存在,一些相关现象他们往往司空见惯而不能释其义,而一些相关的知识他们只是略知一二而不能道其详。因此针对本部分知识及其特点,我在教学中采用以"感受——验证——应用"为主线的实验探究与分组讨论相结合的教学活动设计,以大量的师生双边活动,使学生在活动中感受,在感受中认知,在活动中验证,在验证中确认,力求做到以好奇求知、以兴趣求学、以实践求真、以应用求实,在生活的应用中使他们所学的知识得到检验。

【活动目标】

1. 确认空气的存在,感受并确认气压的存在,能够用气压解释一些简单与气压有关的生活现象。

2. 使学生认识并获得对科学、技术与社会关系的理解,加深对人与自然、社会协调发展的整体认识。

【活动准备】

1. 演示用:气球、铁架台、水槽(盛有水)、马德堡半球、水杯、纸片、广口瓶、熟鸡蛋、热水瓶(热水)、大油桶、抽气机、酒精棉球、镊子、火柴、试管、各种大小不等的量筒、较长的玻璃管、小气球、大可乐空瓶、大尖锥等。

2. 学生分组用:铁架台、水槽(盛有水)、水杯、纸片、广口集气瓶、熟鸡蛋、酒精棉球、镊子、火柴、试管、各种大小不等的量筒、较长的玻璃管等。

3. 多媒体课件。

4. 学生分成学习小组。

【活动方法】

实验探究与分组讨论。

【活动过程】

(新课利用可乐喷泉实验活动引入)

一、感受空气的存在

大家知道,我们周围空间充满了空气,但空气我们看不到,摸不着,你能根据生活中什么现象说明空气的存在?

(学生展开讨论活动之后交流发言,以下是学生在课堂上列举的实例及理由)

氢气球升空(空气中受浮力)

风(空气的流动)

我们能听到老师的讲话声(空气传声)

人呼吸(氧气——空气)

燃烧(氧气——空气)

流星(与空气摩擦生热)

……………

二、验证气压的存在

既然大家都感受到大气的存在,在生活中有一些非常奇妙的现象,大家来做一做,想一想,你能解释这是为什么吗?

覆杯实验(学生活动)(是什么力量把水托起?谁给的?——大气。)

大气压吹气球(演示实验)(把瓶内的空气抽出后,为什么瓶内的气球反而被"吹"大?)

瓶子吞鸡蛋实验(学生实验活动)(你相信吗,比瓶口还大的熟鸡蛋会被瓶子囫囵吞进去?)

热油桶被压扁了(演示实验)(是谁把油桶压扁了?)

马德堡半球拔河游戏(学生实验活动)(大气压可真大!)

大气压托水实验(学生实验活动)

思考:大气压托水究竟能托多高?(由于实验不便而引入托里拆利实验)

(借助课件展示大气压的测量——托里拆利实验)

三、大气压为我们带来了什么

神奇的大气中存在着我们不易觉察的力量,那么它们能为我们带来什么?请同学们根据生活中观察到的现象和生活经验展开讨论:

吸盘、吸盘起重机(实物展示、演示实验、课件展示)

滴管、钢笔(学生实验活动与讨论)

哈磁五形针(拔火罐实验活动、学生解释)

吸管喝汽水(学生演示)(课件展示和实物模型:活塞式抽水机、离心泵,简介其原理)

四、看一看,说一说:谁能解释为什么?

可乐喷泉的成因是什么?

带窟窿的瓶子为什么不漏水?(实物展示、演示,学生思考讨论与解释)

(思考:魔术酒壶的奥秘?为什么这次倒出的是酒,而再次倒出的却是水?)

宇航员在太空站能用管子吸到饮料吗?

五、想一想：我们身体为什么没有感受到大气压的存在？

六、填一填：找出生活中与气压有关的知识点，填在下面的圈中，看谁填的多（圈不够的自己可以再加）

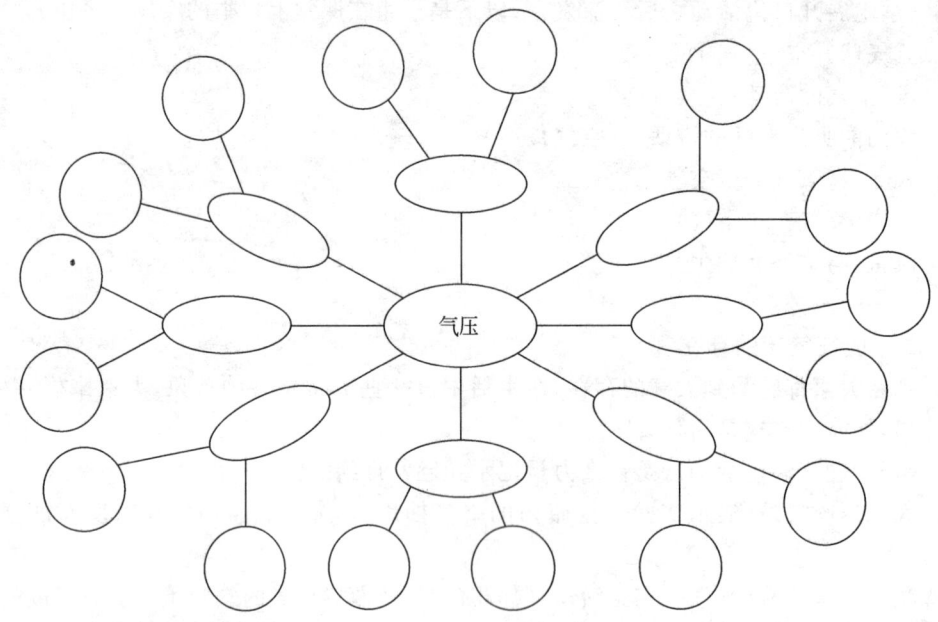

七、课后活动与调查：每人任选一题，也可以自拟题目，可通过查阅资料、访问、社会调查等形式开展课外活动，利用调查的结果结合本节内容写一篇科技小论文

1. 气压的变化
2. 气压与天气的关系
3. 气压与人类的关系

【活动评述】

这是一个富有特色的教学活动设计。该设计不拘泥于教材，大胆创新，合理地运用教具，充分调动学生积极展开各种活动，让学生在活动中感受知识，在感受中认识知识，在认识中应用知识，逐步完成了知识的认知和迁移。在实际操作中，授课老师能够熟练地驾驭课堂，挥洒自如，教学活动与学生活动环环相扣，精彩纷呈，课堂自始至终吸引着学生，充满了戏剧般的色彩，的确带给学生美的享受和获得知识的陶醉，也得到了听课老师和专家的一致好评。

本案例还试图通过不同的反馈方式，来检验和巩固本节的知识点，利用生活事例和直观的实验现象设计反馈问题，使课堂更贴近生活；利用填图的训练方式，锻炼了学生的发散性思维；利用课后调查和科技小论文的写作活动，使课堂延伸到社会、家庭，它较充分体现了新课程所要求的科学知识与生活实际结合的教学理念，体现了STS的教育思想。

【活动说明】

一、关于本节课的几个实验说明

1. 可乐喷泉实验：用无色透明的硬质的矿泉水瓶、单孔橡皮塞插有"尖嘴玻璃管——软管——小段玻璃管"组合而成。实验时，用抽气机抽出瓶内的部分空气后，把玻璃管插入烧杯内可乐液面以下，瓶内即有可乐喷泉形成。

2. 大气压吹气球：500ml集气瓶、双孔橡皮塞插两根玻璃管，其中一根管子固定一只气球装在集气瓶内，另一根管子的瓶外端与抽气机相连。实验时只须抽出瓶内少许空气，就会看到瓶内的气球被吹起。

3. 热油桶被压扁了：取5L食用油的空油桶一个，加入90℃左右的热水一杯，掂起反复晃动使蒸发的水汽尽可能多地把瓶内的空气排出，然后拧紧瓶盖并在瓶外壁不断浇冷水，就会看到油桶被慢慢地压扁，并能暴出"嘎巴"、"嘎巴"的响声。

4. 大气压托水实验：此实验为学生分组实验，托水的玻璃管选择长度由30cm—150cm长度不一，粗细不同，实验结果是，无论管子的粗细和长短，大气压均能把水托满管。

5. 带窟窿的瓶子不漏水：取大可乐空瓶一只，事先在瓶盖上钻一小孔，实验时瓶内装一定的水举起让学生观察，不漏水。然后拿大锥子在瓶底及低部四周戳几个小洞，再掂起瓶子时拇指按住瓶盖上小孔，水没有从瓶底的小洞流出。突然松开拇指，水从几个小洞急射而出。

二、课件简介

采用Powerpoint＋Flash制作成具有交互能力的幻灯片。其中，用Flash动画模拟"托里拆利实验"，其他素材有活塞式抽水机、离心泵工作影片、哈磁五形针疗病图片等。

（深圳市南山区荔香中学　罗占军）

探究"死狗洞"的奥秘

【设计理念】
　　现代化学教学观认为,科学教学不仅应使学生掌握基础知识和基本技能,更应注重对学生进行探索化学知识的过程和学习方法的训练,以此激发学生发现问题、提出问题、分析问题和解决问题的兴趣,形成求学所必需的质疑态度和批判精神,从而培养创新意识和创造能力。要达此目的,如果没有科学的教学方法,就难以获取预期的教学效果。对此,我经过反复实践认为,如果在"二氧化碳的性质"一节的教学中采用"实验探究教学"模式,可取得明显的实效。

【活动目标】
　　1. 认识二氧化碳的物理性质和化学性质。
　　2. 了解二氧化碳的用途。
　　3. 对学生进行探究的过程和学习方法的训练,以此激发学生发现问题、提出问题、分析问题和解决问题的兴趣。
　　4. 形成求学所必需的质疑态度和批判精神,从而培养创新意识和创造能力。

【活动准备】
　　1. 网上有关"死狗洞"的相关资源。
　　2. 实验仪器:大烧杯、铁片、同样的蜡烛、集气瓶、软塑料瓶、试管、酒精灯、石蕊试剂等。
　　3. 学生课前查找有关"二氧化碳用途"的资料。

【活动过程】
　　一、创设情境,激发学生探究的欲望
　　上课伊始,教室的大屏幕上呈现一个动画。动画里有一个奇怪的山洞,人走进去后安然无恙,但猫和狗却一命呜呼,当地人称它为"死狗洞"。教师望着同学们好奇的眼睛,趁机提出问题:"是谁向猫和狗下了毒手?你能侦破这起案件吗?"同学们的探究欲望一下子被点燃了,教学在学生们强烈的求知欲望中开始了。

　　二、设计实验,引领学生探究
　　为探究二氧化碳的物理和化学性质,教师设计了这样6组实验:
　　实验一:请学生观察一瓶新制取的二氧化碳气体的颜色、状态和气味,从而总结出二氧化碳在通常情况下是无色、无味的气体。
　　实验二:如图一,向烧杯里倾倒二氧化碳气体,注意观察蜡烛火焰的变化。学生惊奇地发现：二氧化碳使蜡烛自下而上熄灭。通过学生的讨论得出：

1. 二氧化碳的密度比空气的密度大。
2. 二氧化碳不支持燃烧。

实验三：在一个充满二氧化碳的软塑料瓶里，迅速倒入少量水，立即将瓶塞塞紧振荡，观察有什么现象。学生们再一次睁大了眼睛，软塑料瓶扁了！（如图二所示）在同学们七嘴八舌的争论中，他们又发现了二氧化碳的一个性质：二氧化碳易溶于水。

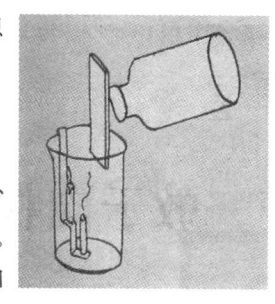

图一

实验四：向装有少量石蕊试剂的试管中倒入被压扁的瓶中液体，石蕊试剂像变戏法一样由紫色变成了红色。原来二氧化碳溶于水不仅发生了物理变化，还发生了化学变化，二氧化碳溶于水生成了酸。

实验五：教师让学生上讲台给变成红色的石蕊试剂加热，红色石蕊又变成了紫色。学生了解到二氧化碳是不稳定的！

图二

实验六：向澄清的石灰水里吹入二氧化碳时，澄清的石灰水变浑浊了。原来二氧化碳可以和氢氧化钙反应生成碳酸钙。

学生自主小结二氧化碳的物理和化学性质（自主获取知识）。

三、课外探究带来了精彩的辩论赛

课前教师要求大家上网查找资料，了解二氧化碳的用途。带着课外的收获，同学们开始了有关"二氧化碳的功与过"的辩论。由于每人都收集了丰富的论据，辩论进行得很激烈，面红耳赤的争论中闪烁着同学们的科学精神。

四、他们的故事还将继续

下课铃响了，师生仍然兴趣盎然，他们要交流的太多太多……原来是二氧化碳成了"屠狗妖"，同学们在实验中揭开了"死狗洞"神秘的面纱，科学的海洋中还有许多秘密等着同学们去发现呢！

【活动评述】

"实验探究教学"模式受到学生的普遍喜爱和认可，不仅可激励学生产生强烈的求知欲望，从而主动地去获取知识，而且可以充分发挥学生的智力潜能和非智力因素的作用，由此培养学生科学探索的精神和实际操作能力。在"实验探究"中学习，完全符合初二学生的年龄特征和认知规律。在这里，教师既教给了学生知识，又培养了学生运用知识的能力及实践、创新能力，还使他们学会了如何动手动脑，如何搜集并加工信息，在吸收和消化知识的过程中逐渐形成良好的个性。

（深圳市南山实验学校 霍 岩）

敢于向权威质疑,提升科学探究能力

【设计理念】
　　充分体现教学活动中学生的主体地位,培养学生思维的创造性,不盲目迷信教材,善于向权威质疑。使学生领悟到科学探究的思想,增进对科学探究方法与过程的理解,提升学生科学探究的能力。

【活动目标】
　　1. 训练学生能针对探究目的和条件,制定合适的实验方案,理解制定计划和设计实验对科学探究的意义。
　　2. 能考虑影响实验结果的主要因素,从而确定需要测量的量。
　　3. 采用适当的方法控制变量。

【活动准备】
　　浙教版《科学》第四册第二章第四节编排在学习"人类的呼吸"之后,用一个课时的时间来探究其他动物的呼吸。这与原分科生物课程中的教学体系显著不同,少了描述性知识,如各类动物呼吸系统形态结构的介绍,更多地关注了如何给学生提供充分的科学探究机会,让学生通过手脑并用的探究活动,体验探究过程的曲折和乐趣,体验科学过程与方法。
　　为了使学生在有限的时间内获得动物呼吸的感性认识,在进行人体气体交换的教学时就应有意进行铺垫。首先要力争把本课内容及相关思考都在课堂上当堂解决,然后在小结本课内容后,布置预习目标,引导出:人体的生命活动需要能量,其他动物的生命活动也需要消耗能量,这些能量来自生物体内有机物的氧化分解。亦即,除人类以外的其他动物也在不停地进行着呼吸作用!那么,你能设计实验验证其他动物确实需要呼吸吗?被吊起胃口的学生自然会热烈响应,七嘴八舌争相出谋划策。此时,要求学生阅读教材第69页"动物的呼吸",思考、讨论"证明动物需要呼吸的实验"想要达到什么样的实验目的,课本中现有的实验方案能否实现预期的目标,如果不能,请学生进行合理的改进或自行制定实验方案。
　　通过对上述问题的初步思考、讨论,学生脑海中会闪现出各种各样的实验方案,也许这些方案不尽完美,但是通过这一活动可以活跃他们的思维,激发他们的学习热情,为下一阶段的学习做好准备。

【活动过程】

一、实验目的确认

先请学生阅读第69页,然后出示有关实验器材,请两位学生上台按图所示装置(如下图)进行实验。要求其他学生认真观察实验现象,记录实验数据。

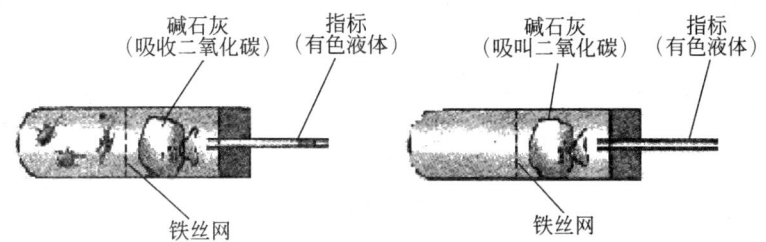

再引导学生分析、讨论实验现象及实验数据:

试管	开始时距离	10分钟后距离
A	2cm	1.5cm
B	2cm	1.8cm

"实验中的主要变量是?"——"小动物。"

"实验中的次要变量是?"——"试管、铁丝网、碱石灰、指标柱等。"

"开始时距离为何控制在相同刻度2cm处?"——"便于对照。除主要变量外,次要变量应尽量控制相同。"

"A试管,10分钟后指标位置改变的原因是什么?"——"①碱石灰吸收了试管内的CO_2;②小动物呼吸消耗了试管内的部分气体。"

"B试管,10分钟后指标位置改变的原因是什么?"——"碱石灰吸收了试管内的CO_2。"

"本实验证明了什么?"——"证明了小动物呼吸需要消耗空气中的部分气体。"

通过上述的师生互动,热烈讨论及分析、思考,学生对课本中所设置的实验方案已经有了自己独到的理解甚至置疑。这正是培养学生思维的创造性,不盲目迷信教材,善于向权威挑战的好机会。

然后顺势设问:你认为"证明动物需要呼吸的实验"到底想要达到什么样的实验目的?

经再次阅读、分析课文后明确本实验的目的是要证明:动物和人一样,也要呼吸,吸入氧气,呼出二氧化碳。

"你们认为本实验是否达到了验证小动物需要呼吸的预期目标?"——"没有!"

"那么,你能否对该实验进行合理的改进以达到预期的实验目标?"

二、实验方案改进

在课前预习、演示实验的启发及课堂讨论的基础上,由学生自行归纳出实验所需改进之处:

考虑到碱石灰吸收CO_2后在形态及颜色上均无明显变化,难于观察。那么怎样知道碱石灰吸收了多少CO_2呢?

同学们刚学习了化学反应除以客观事实为依据外还遵循质量守恒定律。据此可通过实验(反应)前后碱石灰的质量变化来推测其吸收 CO_2 的多少,故要增加测量量:

①实验前,分别称量出 A、B 试管中碱石灰的质量,分别记为:M_A 和 M_B,且让 $M_A=M_B$。

②实验后,再分别称量 A、B 试管中碱石灰的质量,分别记为:$M_{A'}$ 和 $M_{B'}$,比较二者数值大小,若 $M_{A'}>M_{B'}$,说明:A 试管中的碱石灰吸收了较多的 CO_2,而多出的这部分 CO_2 是小动物呼吸过程中呼出的。

③将燃着的木条放入实验后的 A 试管中,火焰变小或熄灭。证明 A 试管空气中的 O_2 含量减少,减少的这部分 O_2 被小动物吸入体内。而将燃着的木条放入实验后的 B 试管中,则火焰变化不明显,说明 O_2 含量无明显变化。

在做上述改进之后,便可达到证明动物呼吸同人类一样,吸入氧气,呼出二氧化碳的目的。

三、实验方案征集

"除上述方案外,你还能设计出其他实验方案来证明动物呼吸是吸入氧气呼出二氧化碳吗?"

通过上面的系列训练,学生的思维已非常活跃,纷纷献计献策:

方案一:将上述实验装置中的碱石灰换成等量澄清的石灰水,实验 10 分钟后用燃着的木条检验试管内的氧气含量是否发生变化。

推测:A 试管中石灰水变混浊的程度较大,从而证实小动物在呼吸过程中呼出了二氧化碳;将燃着的木条放入试管 A 火焰会变小或熄灭,说明小动物呼吸消耗了氧气。

此方案相对降低了实验的操作难度,且便于观察到实验现象。

方案二:受测定植物呼吸作用的启发,设计出如下图所示的实验装置:

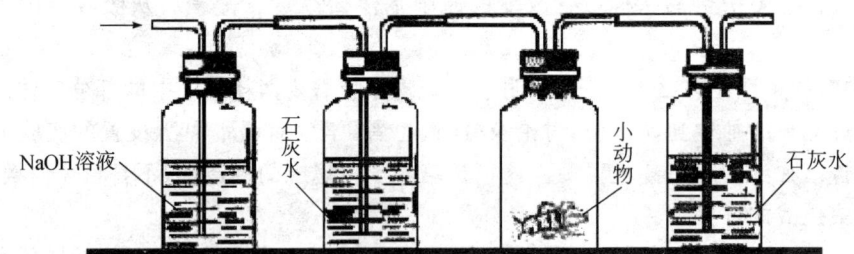

A 瓶中 NaOH 溶液的作用是吸收空气中的 CO_2;B 瓶中石灰水的作用是证明空气中的 CO_2 已被除去;D 瓶中的石灰水将会随着小动物的呼吸而变混浊。实验一段时间后,再用燃着的木条检验 C 瓶中 O_2 的含量是否随小动物的呼吸而减少。

方案三:考虑到二氧化碳密度比空气大,设计方案如右图所示。

在瓶底部加入一定量澄清的石灰水,在瓶中部固定小动物的生活平台——铁丝网;放入小动物盖上瓶盖,让小动物在瓶内生活一段时间。实验中要密切观察小动物的生活状况及石灰水的变化,当石灰水变浑浊后立即放出小动物回归大自然,并用燃着的木条验证瓶内空气中氧气的含量是否会随小动物的呼吸而减少。

四、实验方案选择

经过热烈讨论,屏幕上已由学生们自行填补了多个图文并茂、各有特色的实验方案。那么如何在众多的实验方案中选择出最佳方案呢?此时提醒学生:任何科学活动都应追求最小的损失、最小的投入和最大的收益。然后让同学们根据自己的实际条件选定他所认为的最佳方案,并自行准备实验材料,自己动手实验,观察、测量、记录实验现象及相关数据,通过思考、分析自己得出正确结论。

【活动评述】

进行科学探究的方式是多种多样的,一般来说,其基本过程具有六个要素。本课就探究活动中的制定计划、设计实验环节进行了有效的指导和训练,通过实验目的确认、实验方案改进、实验方案征集、实验方案选择等一系列活动培养了学生的探究能力,使学生领悟到制定计划、设计实验在科学探究中的重要作用,达成了所设定的教学目标。

本课教学活动设计也充分体现了科学课程超越学科界限,统筹设计,整体规划的特性;注重了各学科领域知识的相互渗透和联系整合。这样的课程,有助于学生从整体上认识自然和科学,根据统一的科学概念、原理和各领域知识间的联系来建立开放型的知识结构;有助于学生知识的迁移和学习能力的发展;有助于对学生科学探究能力培养的总体安排,使学生得到全面的科学方法的训练。

(深圳市南山区育才二中 文志华)

在探究中体验科学的乐趣

【设计理念】

土壤的矿物质颗粒大小是影响土壤结构和功能的主要因素之一。因此本次活动通过对矿物质颗粒大小与性能的学习,来作为对土壤结构和类型学习的起点,从而逐渐过渡到各种土壤的其他性状,背景性地呈现了"结构质应功能"这一科学理念。

【活动目标】

1. 通过观察区分砂粒、粉砂粒和黏粒。
2. 通过探究了解砂粒、粉砂粒和黏粒的渗水性能。
3. 通过分析了解土壤的分类和性能。

【活动准备】

将全班平均分成若干个小组,每个小组五人。并为每个小组成员分派任务,以便一周后将活动顺利进行。每小组任务分派如下:第一人到沙滩上取回一瓶砂粒;第二人准备一杯米粒;第三人准备一杯面粉;第四人到池塘或湖泊底取回一瓶湿土;第五人到池塘或湖泊取湿土并晒干,带回一团坚硬的土块,并装满一瓶敲碎的干土。

【活动过程】

一、导入

让学生用手指去感知砂粒和黏粒,会发觉砂粒有明显的颗粒感,黏粒有细腻感,仔细感知干土粒,也有一些颗粒感。然后让学生用放大镜进行观察,进一步区分砂粒、黏粒。如果学生还难以区分和理解,可让学生试验一下米粒团和面粉的区别。最后完成后面的表格一。

二、问题探究

1. 提出问题:

不同的土壤,渗水的能力是不同的。那么不同的土壤渗水的多少与通气性和保水性有什么关系呢?这只要把砂粒、黏粒分别堆积在一起,研究它们的渗水性能就可知了。

2. 建立假设:

因为黏粒最小,如果它们堆积在一起,这个"群体"的颗粒间空隙最小,结构最致密,保水性能就最好,通气性能就最差(保水和通气性能总是相互消长的)。所以砂粒渗水性能好。

3. 设计实验方案(见课本 100 页):

取两只漏斗,在漏斗口里放一些脱脂棉花,在漏斗 A 中放一些砂粒,在漏斗 B 中放一些湿黏粒。将漏斗分别搁在平底烧瓶上,每个漏斗中分别倒入等量的半杯水。五分钟后,观察两个漏斗各有多少水流到下面的小烧瓶中。

4. 收集实验数据:

A漏斗中流入烧瓶中的水比B漏斗多

5. 验证假设:

砂粒的渗水性能好。

6. 交流:

把本组探究的结果与其他组进行交流,谈谈收获和感想。

砂粒空隙大,渗水性能好,通气性能好,保水性能差。

黏粒空隙小,渗水性能差,通气性能差,保水性能好。

三、分析土壤的分类和性能

(一)土壤中一般都会有砂粒、粉砂粒和黏粒,根据所占的比例不同,可将土壤分为砂土类土壤、黏土类土壤和壤土类土壤三种。根据以上实验及有关知识,在表二中完成土壤质地的填写。

(二)思考:

根据三种土壤结构,你认为:

1. 哪种土壤通气性能最强?

2. 哪种土壤透水性最强?

3. 哪种土壤保水性最强?

根据你的分析,完成表二的其他填空。

表一

名 称	直径/颗粒	手 感	通过放大镜观察
砂 粒	2.0~0.02	颗 粒	感粗
粉砂粒	0.02~0.002	不明显颗粒	居中
黏 粒	大于0.002	细 腻	细

表二

土壤名称	土壤质地	通气性能	保水性能
砂土类土壤	砂粒多、黏粒少、土壤颗粒较粗	最强	最差
黏土类土壤	黏粒多、粉砂粒多、土壤颗粒较细	最差	最强
壤土类土壤	砂粒、黏粒、粉砂粒大致等量,质地均匀	较好	较好

(三)分析

哪种土壤有利于植物生长?为什么?

(答案:壤土类土壤)

【活动评述】

本活动通过一系列观察、实验和必要的知识的呈现,首先涉及了土壤颗粒的分类,从中引出土壤的分类,并进一步提出了三类土壤的性状。在土壤这个系统中,土壤的砂物质颗粒大小是影响土壤结构和功能的重要因素之一。另外,作出这样的安排,和前一节"土壤的组成"密切相关,是"矿物质"知识的相关延伸。

(深圳市南山区荔香中学 彭新明)

植物如何吸水

【设计理念】

这是八年级的一堂科学课,讲述的是植物细胞的吸水和失水,进而为根的吸水和失水原理打基础。细胞的吸水和失水比较抽象,难以理解。而如果在实践中学习,结合生活,就会收到意想不到的效果。

【活动目标】

1. 知识探究点

(1) 理解植物细胞吸水和失水的原理以及根吸水、失水的条件。

(2) 了解如何对植物进行合理灌溉。

2. 能力训练点及其要求

(1) 通过分组探究实验提高学生实验能力。

(2) 在理解细胞吸水与失水的原理的过程中,注意培养学生初步的分析、概括能力,培养学生的科学探究精神,发展学生的思维,逐步形成科学的世界观。

【活动准备】

1. 两只装清水和盐水的烧杯。

2. 提前一天将两块马铃薯,用打孔器从顶端向下各打一个深2—3厘米的洞,把洞内的碎块清除干净。向两个洞内分别注入清水和盐水后,用中央插有细玻璃管的橡皮塞塞住洞口。用滴管向两个玻璃管内分别补加盐水和清水,直到两个玻璃管中液面高出洞口4—5厘米左右,然后用橡皮筋套在玻璃管的液面处,做成标记。

【活动过程】

一、联系实际,设疑引入

师:如果不给花草经常浇水,不给庄稼定期灌溉,它们就会枯萎,甚至死亡,这说明水对植物的生活非常重要。植物需要的水分是通过根来吸收的,那么根是怎样从外界吸收水分的呢?通过上一堂课的学习,我们知道植物从外界吸收水分主要依靠根的哪一部位?

生:根毛区的根毛。

师:根毛是由根毛区表皮细胞向外突出形成的,根毛是一种特殊的细胞,要了解根毛细胞是怎样吸收水分的,首先要知道植物细胞是怎样吸收水分的。

(学生明确了要想知道根吸水、失水的原理,必须先知道细胞吸水、失水的原理。)

学生探究一:利用所给的原料,每组同学切两个体积相等的萝卜条分别放在盛有清水和浓盐水的烧杯中。过一会儿,分别捏一下两根萝卜条,感觉有何不同?(放在清水中的萝卜条变硬了,放在浓盐水中的萝卜条变软了。)

二、联系已知,讲授新课

学生探究二:每组请一位同学分别捏一下前一天准备的两块马铃薯,感觉有何不同?(放清水的马铃薯变硬了,放浓盐水的马铃薯变软了。)

师:马铃薯、萝卜条出现了一样的现象,这是怎么回事?

学生观察:玻璃管中液面的高度发生了怎样的变化?(清水的液面下降了,浓盐水的液面上升了。)

学生讨论一:马铃薯洞内清水液面下降,那缺少的一部分,上哪儿去了?

学生讨论小结:清水中缺少的水分被马铃薯吸收了。相反,马铃薯失去的水分跑到浓盐水中去了。

师:马铃薯吸收了水分,就变得硬挺了。相反,马铃薯失去了水分,所以变软了。而放在清水中的萝卜条变硬了,说明萝卜条吸收了水分。放在浓盐水中的萝卜条变软了,说明萝卜条失去了水分。由此我们知道:马铃薯、萝卜条可以吸收水分,也可以失去水分。而组成马铃薯和萝卜条的基本单位是什么?

生:是细胞。

师:植物细胞既可以吸收水分,也可以失去水分。(要透彻地了解吸水和失水的原理,先引导学生复习初一"溶液""浓度"的含义。)

学生讨论二:马铃薯、萝卜条是在什么情况下吸收水分?

教师提示:植物细胞特有的结构是液泡,液泡中充满细胞液,而细胞液中除了丰富的水分,还溶解了多种物质,因此细胞液和盐水一样,也是有一定浓度的溶液。思考这一题时,你们可以从细胞液浓度和细胞周围水溶液的浓度关系着手。对于刚才的两个实验,哪是细胞液浓度,哪是细胞周围溶液浓度?

学生讨论小结:对萝卜条来说,萝卜细胞中的是细胞液浓度,而烧杯中的清水和盐水都是周围溶液浓度。对马铃薯来说,马铃薯细胞中的是细胞液浓度,而马铃薯洞内的是周围溶液浓度。当细胞周围水溶液的浓度小于细胞液浓度时,细胞就吸水;当细胞周围水溶液的浓度大于细胞液浓度时,细胞就失水。

进一步小结:细胞吸水和失水的条件取决于细胞周围水溶液的浓度和细胞液的浓度。

学生活动三:复习细胞的结构。

设问:当一个细胞处于浓盐水中和清水中会出现不一样的现象,放在浓盐水中的细胞会发生怎样的变化?什么原因?

学生分析:放在盐水中的细胞,由于细胞周围水溶液的浓度大于细胞液的浓度,细胞就失水。于是液泡缩小,细胞质与细胞壁分离。放在清水中的细胞,由于细胞周围水溶液的浓度小于细胞液的浓度,放在清水中的细胞就吸水,于是液泡胀大,细胞质与细胞壁紧贴在一起。

实例讨论1:现在有一疑问,秋天腌雪里蕻,腌时只放盐,不放水。几天以后,就会看到腌菜缸里出现了许多水,原来硬挺的雪里蕻也变得萎蔫了。这是什么原因?请同学们讨论一下。

讨论结果：因为腌菜缸内盐溶液的浓度大于雪里蕻细胞液的浓度，从而使雪里蕻细胞失水。

实例讨论 2：日常生活中，菜农卖菜时，不时往青菜上洒水，其目的是什么呢？

讨论结果：补充水分，让青菜保持新鲜。

分析根毛吸水条件：现在要了解根毛吸水的原理就相对容易了。根毛与土壤接触，土壤中的水分总会有一些无机盐，这样的水分就是一种溶液，这种溶液就叫土壤溶液。根依靠根毛从土壤溶液中吸收水分。那么，为什么成熟区是吸收水分的主要部位呢？这与根毛的结构特点有关。首先，根毛的细胞壁薄，细胞质少，这样的结构有什么好处？（有利于水分进出细胞。）

其次，根毛细胞里的液泡很大，液泡中的细胞液的浓度与外界的浓度形成了差别。这些特点，有利于根毛吸收水分。在什么样的情况下，根毛细胞吸水呢？（根毛的细胞液浓度大于土壤溶液的浓度。）

进一步说明：一般情况下，根毛细胞液的浓度总是大于土壤溶液的浓度。于是土壤里的水分就通过根毛的细胞壁、细胞膜、细胞质渗入到液泡里。根毛吸收了水分。

实例讨论 3：在盐碱地里栽种植物为什么不容易成活？讨论结果：盐碱地里土壤溶液的浓度明显地大于细胞液的浓度，这时根毛会因失水而死亡。

师：植物生活不能没有水分，当土壤缺少水分时，人们就要进行灌溉，否则就会影响正常的生长。那么，是不是各种植物一生中所需要的水量都相同呢？

生：不同，有的植物耐旱，有的植物不耐旱。

师：所以说不同的植物在一生中对于水的需求量是不同的。例如水稻在一生中需要的水量大约是小麦的 8－10 倍，而水稻的一生中，在播种出苗期的需水量是最高的，在抽穗开花期的平均需水量是最低的。这说明同一种植物在不同的生长阶段的需水量是不同的。因此，我们要根据植物的不同种类，不同的生长时期，以及土壤的含水情况，进行合理灌溉，保证植物对水分的需要。

【活动评述】

生活即课本，无处不教育。刘老师这节课充分发挥了学生的主体性，所有的知识都是学生亲自动手，在老师的引导下，主动积极地分析，最后得出结论，学生的成就感油然而生。在引课时，刘老师利用身边的例子，养花种草时不浇水就会枯萎，使学生明确植物需要水，并且是通过根毛吸水，根毛是一种特殊的细胞，进而转到细胞的失水和吸水的原理，引入非常自然。在教学过程中，学生通过自己探究，观察，教师设疑引入，激发兴趣，巧设悬念，承上启下，有机渗透科学的研究方法，使整节课非常连贯。为了突破重难点，教师采用实验、启发、讲解相结合的方式，以增强学生的感性认识。整节课的内容都是利用生活中的实例来说明，如腌雪里蕻，菜农卖菜时洒水等，使学生感到科学离我们非常近，增加学习科学的兴趣。

（深圳市南山区松坪中学　刘桂平）

魔 术 师

【设计理念】

在教学中体现从现象观察到思考问题的训练,即哲学上从现象到本质的思维体验过程。通过引导学生进行科学探究,使学生对实验现象能够进行认真观察和细致分析,并总结归纳出所要学习的新知识,从而使学生获得学习的成就感。针对初中学生的思维发展特点,在教学中注意培养学生的抽象与概括能力。

【活动目标】

1. 知道磁体及其性质。
2. 知道磁极间的相互作用。
3. 了解磁化的概念。

【活动准备】

1. 课前布置学生收集废旧磁铁(如指南针、条形磁铁、蹄形磁铁等);准备好小磁针、大头针、别针、钢锯片、铁片、铜片、镍片、玻璃片、木片、纸片等,供课堂做分组实验用。
2. 准备磁性材料如磁带、磁盘、磁卡及有关磁性材料的图片。
3. 多媒体课件。

【活动过程】

一、引入新课

"同学们,请你们想像一下乘坐一列不接触地面滑行的列车飞驰的情景,你感觉不到来自铁轨的振动,听不到车轮碰撞发出的噪声,在列车以每小时400千米的速度直奔旅程的终点时,你只要舒坦地坐着就可以了。

这是在梦中吗?不,这不是梦!虽然你可能没有乘过这样的列车,但这种悬浮在空中几厘米高度的高速列车在一些国家包括我国已正式进入商业运行,它称为磁悬浮列车。是什么使得车厢悬浮起来的呢?信不信由你,是磁铁使它们浮起来的。

说到磁铁,你可能会想起许多和我们生活息息相关的东西。不要急,我们先来看看2000多年前我国最古老的磁铁!"(教师播放课件,展示古代的司南、指南针。)

二、新课教学

"在看过了古人的伟大发明后,你可能要问,司南和指南针为什么能指方向?好!下面该轮到我们进行科学探索了!"

分组实验:(课前学生已按分好的小组坐好)

"首先请同学们考虑'磁铁只能吸铁'这个说法对吗？好，现在你们就可以利用桌子上的实验材料来探究这个问题！最后每组派一名代表来陈述你们的实验结论。"学生开始做实验，教师对每个小组进行指导。实验结束，每组学生代表报告自己的实验结论。最后由教师总结："每组的结论都是一样的，磁铁仅仅吸引铁制物体，微弱地吸引镍币和钴。那么我们把物体能够吸引铁（镍、钴）的性能叫做磁性，具有磁性的物体叫做磁体。"

"那么磁体各部分吸引铁的能力是一样的吗？根据什么现象来判断这种能力的强弱呢？你能用现有的实验材料来验证你的猜想吗？现在开始做实验，实验结束后请每组派一名代表来陈述自己的实验结果。"实验结束，每组学生代表报告自己的实验结果及实验现象。一学生代表信心十足地发言："我们组的实验结论是：条形磁铁两端的大头针最多，中间最少！"教师适时追问："开始实验时大头针分布有什么特点吗？""这个吗？没太在意！"学生不好意思地笑着说。"如果在开始实验时，你摆放的大头针就恰巧在磁铁的两端多，中间少，那你的实验结论还是科学的吗？"教师紧追不舍，进一步追问。"我知道了！应该把大头针均匀地分布在桌子上！"这个学生代表兴奋地说。"好，你说的非常正确。请坐！同学们！我们在做实验的时候一定要好好考虑各种可能影响实验结果的因素，科学实验需要我们有严谨的学风，容不得一丝虚假与投机取巧！""条形磁铁两端的大头针最多，中间最少！这一现象说明了什么？"学生回答："条形磁铁两端磁性最强，中间最弱。"教师进一步说明："我们把磁性最强的两端称为磁极，标为 N 极和 S 极。N 就是英语中的 northpole（北极）中第一个单词的首写字母，S 就是 south-pole（南极）中第一个单词的首写字母。我们就是利用司南和指南针能指南北来辨别方向的！"

"下面我们来变个魔术，仔细看好！"教师拿出课前准备好的小磁针和条形磁铁，演示课本 p.128 的实验 3。"像不像大卫·科波菲尔！你们也可以来试一试！"学生们早已经跃跃欲试了！实验结束，由学生归纳总结出规律：同名磁极相互排斥，异名磁极相互吸引。

教师演示 p.129 实验，由学生归纳总结出磁化和永磁铁的概念。教师可同时展示出几种人造永磁铁。

播放课件进行课后练习，以强化所学知识。

【活动评述】

这堂课能联系实际生活展开教学，激发学生的求知欲望，同时进行爱国主义教育。在教学过程中教师注重培养学生的思维能力、观察能力、语言概括能力，并对学生进行严谨的科学素养的教育，在教学中充分体现了实验－观察－思考的互动式教学模式。

(深圳市南山区桃源中学　赵志杰)

生活中的酸

【设计理念】

本教学设计由"变色花"实验(酸碱指示剂遇到酸碱产生颜色的改变)入手,再由教师引导学生找寻生活中的素材,来自己制作指示剂,并透过测试,将家中常见的溶液加以分类。接着由市售汽水的成分分析、白醋成分的分析,把酸的知识应用与生活实际联系起来,最后通过分组收集与酸雨有关的资料,及上台报告,引导学生关怀我们所生存的环境。

本课的教学是基于学生从七年级科学所学的酸性物质的概念而进入酸的学习,关于酸的定义课标不作要求,只要求让学生认识典型的酸,以及能把酸与生活实际相联系起来。

【活动目标】

1. 巩固七年级所学指示剂知识,培养学生观察能力和动手能力。
2. 引导学生积极探索知识和生活的联系,激发学生的学习兴趣。
3. 培养学生整理和收集资料信息的能力。
4. 加强学生的环保意识。

【活动准备】

1. 石蕊试液、酚酞试液、稀盐酸、氢氧化钠、滤纸、烧杯(教师演示"变色花"实验)。
2. 学生分组查找自制示剂的资料(教师可根据学生要求配备相应器材)。
3. 分组查阅市售汽水的成分分析、食醋的成分。
4. 分组查阅酸雨的有关内容。

【活动过程】

1. 以"变色花"引入(教师演示,学生观察)

用在石蕊试液里浸泡过的滤纸做成小纸花,先往上喷上稀盐酸酸雾,然后再喷氢氧化钠溶液。(注:用酚酞试液浸泡小纸花时,应先喷氢氧化钠,然后喷稀盐酸酸雾。)

"变色花"的实验引起学生浓厚的兴趣,学生们跃跃欲试,准备他们的自制指示剂行动。

(该引入既可激发学生的兴趣,又可巩固学生所学的指示剂知识。)

2. 自制指示剂行动(学生动手,教师指导)

A组玫瑰花队。该小组以玫瑰花瓣作材料而得名。组员们争先恐后把自己携带的花瓣扔进研钵。林杰手更快,准备倒酒精进去。小平平一把抢过:"干什么?还没研碎。"林杰嘿嘿傻笑。王子勇把衣袖夸张地挽起主动出击："我来当苦力。"众人皆笑。

B组胡萝卜队。该组当苦力的吴斌斌似乎有点名副其实,因为胡萝卜不如花瓣好对付。你听听,"你看看你磨什么鬼东西,加酸一点颜色都没变"、"有一点点哦"、"人家组怎么颜色那么明显"、"继续努力"。

(看来,胡萝队的实验不怎么成功,什么原因呢?这个可作为同学们课后探究的问题)

C组白菜叶队。该组在班长王月的带领下,有条不紊地进行着。

小组用自制的指示剂测定柠檬汁、苏打水、白醋的酸碱性。

师:学了酸碱指示剂,你会对家里常见的溶液进行分类么?

小强站了起来:"老师,我把家里的醋和酱油带来了,我刚才测试过它们的酸碱性了。醋是酸的,我加了玫瑰花做成的指示剂显了红色,不过,加酱油好像没什么变化。酱油是中性的。"

梁洲:"我也测试了苏打水的酸碱性,是碱性的。我是白菜叶队。是红色指示剂变黄绿色。它遇酸性溶液是变黄色,淡一点颜色。"

王傲:"我还测了洗衣粉加到水里的溶液,是碱性的。"

………

师:同学们的实验进行得很有创意,希望继续努力。

3. 认识酸(教师设疑,学生思考)

师:常见的酸有哪些?酸能使紫色石蕊试液变什么颜色?

生:盐酸、硫酸、碳酸、硝酸;变红色。

观察化学式的相同点:HCl　H_2SO_4　H_2CO_3　HNO_3

生:有氧元素。

全班反对:不对,是有氢元素。

(虽然课标不要求酸的定义,但是要告诉学生仅仅由此判断还是不科学的,酸的溶液电离时产生阳离子全部是氢离子,以免与将来的学习产生冲突。)

4. 生活中的酸(学生查阅资料的展示)

师:你若有呕吐经历,你会感受到胃液是什么味道?

生:酸的,因为胃液里有盐酸。

师:柠檬、柑橘味道怎么样?

生:也是酸的,因为含有柠檬酸。

师:下面我们请小组发言说说你查阅有关生活中的酸的内容。

组长甲:"白醋的成分:醋酸(2.5g/100mL)、水、大米、苯钾酸钠。里面用的酸是醋酸。"

组长乙:"汽水的成分:糖、水、柠檬酸、小苏打。里面用的是柠檬酸。"

班上马上有同学提出疑问:汽水里不是还有碳酸么?

师:同学们提出的问题很好,汽水也是碳酸水,汽水必须有"气"才叫汽水。里面应该还有碳酸。那成分里为什么没有标明呢?

小勤举手了,同学们诧异地望着她。小勤很少举手,而且在班上成绩一般。"我知道有的汽水里会'打入'二氧化碳的,那里就有碳酸。我们喝汽水时就有二氧化碳。"

师：小勤说得很对，有的汽水会充（不是"打人"）二氧化碳。乙组同学里查到的配方里虽没有碳酸，但是柠檬酸也会和小苏打反应产生二氧化碳的。同学们回家可自制汽水。往鲜果汁里加入小苏打水就可做成冒泡泡的汽水了。

（鼓励学生课后动手做汽水实验）

5. 关于酸雨的报告（学生上台报告）

师问：同学们喝完汽水后，牙齿是什么感觉呢？

生：酸酸的，会酸牙齿的。

师：这说明了汽水会侵蚀我们的牙齿，所以汽水不宜多喝。

（从提问引进酸性物质会腐蚀物体，进而讨论酸雨对环境的损害）

组长甲：雨、雪等在形成和降落过程中，吸收并溶解了空气中的二氧化碳、氮氧化物等物质，形成了 pH 低于 5.6 的酸性降水，称为酸雨。酸雨中主要的有害物质是硫酸和硝酸。酸雨不仅危害健康，而且使水域和土壤酸化，损害农作物和林木生长，危害渔业，腐蚀建筑物、工厂设备和文化古迹。

组长乙：酸雨是 pH 值小于 5.6 的酸性雨水。生活和工业燃烧排放出大量氮氧化物和二氧化硫气体，氮氧化物会生成硝酸，硫氧化物会生成硫酸，这些酸性物质使得降水的 pH 值下降！

组长丙：中国是燃煤大国，煤炭在能源消耗中占了 70%，因而我国的大气污染主要是燃煤造成的。二氧化硫排放引起的酸雨污染不断扩大，已从 80 年代初期的西南局部地区扩展到长江以南大部分城市和乡村，并向北方发展。

组长丁：酸雨腐蚀材料，损害森林，破坏生态环境，并造成农作物减产。酸雨会使湖泊变酸，水生生物死亡；使土壤变得贫瘠，降低生态系统的初级生产力。酸雨腐蚀岩石矿物，长期的酸雨侵蚀会造成森林死亡。酸雨对人体健康也造成影响。例如，酸雨渗入地下可以使地下水中的金属含量增加，人们饮用这样的水会对人体造成危害。人们食用酸雨污染的水体中的鱼类，同样会受到身体的损害。

师：同学通过查阅酸雨的资料都了解了酸雨的形成以及对环境的危害，那么我们应该关注和爱护我们的环境。

【活动评述】

谭老师在本节课中只是充当了"领路人"的角色，从"变色花"的奇妙变化吸引学生进入化学世界，然后给予学生充分的自主权，发挥他们的团体合作精神，完成一个"自制指示剂行动"，培养了学生的动手能力和观察能力。让学生用自制的指示剂检测酸碱性的溶液，让学生上台报告，从中获得成功的体验。

谭老师给学生创造了一个动手、动脑的愉快的学习氛围，他们可寓学于乐，从中领会知识的真谛，体会生活与知识的融合。

（深圳市南山区桃源中学　谭基玲）

趣味识酸碱
——物质酸碱性的测定

【设计理念】

科学课中"物质的酸碱性"是学生第一次用化学的方法开始了解物质的基本化学性质。因此,这节课对于培养学生探究物质性质的兴趣非常重要。

教授物质的酸碱性仅仅局限于科学课本的内容是不够丰富的,学生对酸碱性的理解是被动而抽象的,缺乏真实感,缺乏自主探究和认识过程。因此,我把这节课的教学过程设计成实验型开放式教学,学生是学习的主人,教师的作用是组织、引导、促进和共同参与,让学生经历科学家那样的探究过程,明白科学就在身边,自己也有发现自然界奥妙的能力。通过以学生为主体的实验教学活动安排,让学生体验探究物质性质的过程,培养学生仔细观察、边学边做、手脑并用解决问题的能力,逐渐形成创造性的思维方法。

【活动目标】

1. 学生自己制作酸碱指示剂鉴别物质的酸碱性,了解科学家发明酸碱指示剂的历史。

2. 会用石蕊试液测定物质的酸碱性,知道物质酸碱性强弱可用 pH 值的高低来表示,会用 pH 试纸和标准比色卡测定溶液酸碱性的强弱。

3. 通过小组成员之间的团结协作完成科学实验,通过成员之间的讨论增加认识,体会到合作的好处。学会利用别的小组的实验成果,结合自己的实验,通过讨论总结出科学结论,增强借鉴和整合信息的能力。

【活动过程】

一、活动前准备

教师要准备的用品:红椰菜(紫色卷心菜)、酒精灯、铁架台、火柴、小滴瓶、烧杯、试管、试管架、蒸馏水、石蕊试液、稀盐酸、稀硫酸、氢氧化钠溶液、氢氧化钙溶液、pH 试纸等。

二、从日常生活的经验引出关于酸碱性测定的话题

师:通过上节课的学习我们已经知道有些物质呈酸性,有些物质碱性,说说你所知道的酸性物质和碱性物质。

生:酸性物质有食醋、橘子汁、橙汁、葡萄等;碱性物质有肥皂、洗衣粉等。

师：食醋、橙汁和葡萄有什么味道呢？

生：有酸味。

师：对。人类认识酸、碱的最初阶段就认为有酸味的物质是酸性的，有苦涩味的物质是碱性的。当然现在看来这种方法不是很科学。那么有什么更好的方法可以很方便地知道物质的酸碱性呢？

等了一会儿，有位学生小声回答：我从一本书上看到有一种纸能够知道酸碱性。

师：很好，这说明同学们很好学，知识面很广，但是这种纸为什么能知道物质的酸碱性呢？物质除酸性和碱性外还有什么性质呢？下面我们分组开始物质酸碱性测定的"探险"活动。

三、红椰菜汁制作过程

师：青菜汤是什么颜色？

生：绿色。

师：这是因为通过加热使得青菜中的色素溶解于水中，水变成了绿色。（拿出红椰菜）那么要想使红椰菜中的色素溶于水，怎么办？

生：放入水中加热。

师：好，现在大家亲手制作红椰菜汁。

学生实验：取红椰菜一片，撕成小片置于烧杯中，加少量蒸馏水至浸湿叶片，加热沸腾数分钟，待溶液变成紫色即可停止加热，冷却后倾出紫色溶液于滴瓶中备用。

四、测定物质的酸碱性

A组学生制作洗衣粉液、食盐溶液、白醋溶液，并分别放入3个试管中，各滴入5滴紫色红椰菜汁。

B组学生制作肥皂液和柠檬汁，并分别放入2个试管中，第3个试管中放入蒸馏水，各滴入5滴紫色红椰菜汁。

A、B两组的试管中会有什么神奇的现象发生呢？

A组出现的现象为：紫色的红椰菜汁在洗衣粉液中变为草绿色，在食盐溶液中变为淡蓝紫色，在白醋液中变为粉红色。

B组出现的现象为：紫色的红椰菜汁在肥皂液中变为绿色，在柠檬汁液中变为红色，在蒸馏水中变为淡蓝紫色。

真是好看，同学们都被试管中出现的五颜六色吸引住了，感觉非常好奇，议论纷纷。

师：现在A、B组各有一杯绿色液体、一杯粉红色液体和一杯淡蓝紫色液体，非常奇怪，为什么呢？请A、B两组根据已有知识及自己和另一组的实验结果，讨论一下红椰菜汁所起的作用，能得出什么结论。

五、导出结论

生：洗衣粉和肥皂都是碱性物质，其溶液能使红椰菜汁变绿色；白醋和柠檬汁都是酸性的，能使红椰菜汁变红色；红椰菜汁可以用来测定物质的酸碱性。

至于淡蓝紫色液体的意见就很不统一了。

师：同学们的发言很好，大家学会了一种测定物质酸碱性的方法，即利用红椰菜中的色素在酸碱溶液中产生不同颜色的特点，来判别物质水溶液的酸碱性，我们称这类物质为酸碱指示剂。蒸馏水、食盐溶液是中性的，红椰菜汁在其中不会改变颜色，前面出现的淡蓝紫色实际上是紫色的红椰菜汁被稀释所致。

大家想一想如果我们把一张纸浸入红椰菜汁中,然后再晾干,会有什么作用呢?

生:能够知道溶液的酸碱性(立即明白为什么一张"纸"就可测定溶液的酸碱性)。

六、了解酸碱指示剂的发明历史

师:有一天清晨,年轻的化学家波义耳正准备到实验室去做实验,一位园林花匠为他送来一篮非常鲜美的紫罗兰。喜爱鲜花的波义耳随手取下一束带进了实验室,把鲜花放在实验桌上开始做实验。当他从大瓶里倾倒浓盐酸时,一股刺鼻的气体从瓶口溢出,倒出的液体也冒白雾,还有少许酸沫飞溅到鲜花上。他想,真可惜,盐酸弄到鲜花上。为洗掉花上的酸沫,他把花放到水里,一会儿发现紫罗兰的颜色变红了。大家想想是什么原因使得紫罗兰的颜色变红呢?

生:因为酸溶液使得紫罗兰的颜色变红。

师:对,是因为紫罗兰的紫色色素遇到酸溶液变红了。波义耳正是通过这一意外的发现,经过不断的努力,采集了许多植物,泡出了多种不同颜色的浸液,终于发明了石蕊试液,为方便使用,又制成试纸,也就是能知道酸碱的纸。

学生实验:科学课本 P142 的实验——用紫色石蕊试液判断溶液的酸碱性。

实验表明:酸溶液能使紫色石蕊试液变红色;碱溶液能使紫色石蕊试液变蓝色。

七、酸碱强弱的概念

师:同学们想一想橘子汁和醋那个更酸呢?

生:醋更酸。

师:对,这就产生了酸碱性强弱的问题。pH试纸也是从植物中提炼出色素制成的,它不但能知道溶液的酸碱性,还能随着酸碱性强弱的变化而产生不同的颜色,人们也就可以根据试纸的颜色来判断溶液酸碱性的强弱了。

讲解pH试纸的使用方法后,学生测试刚才做实验的几种溶液的pH。得出如下资料:

溶液	洗衣粉液	肥皂液	食盐溶液	蒸馏水	柠檬汁	白醋
pH	11	10	7	7	4	3

← 碱　　　　　　　　中　性　　　　　　　　酸 →

布置作业:测一测家里日常使用一些物质的水溶液的pH值,了解其酸碱性。

【活动评述】

本节课的主要亮点有:

1. 利用有限的课堂时间,让学生最大限度地参与实验过程和讨论过程,利用发散——收敛的思维方式,培养学生对科学实验产生逻辑思考的能力和习惯。

2. 教师在授课过程中是探究的组织者和参与者,而不仅仅是知识的传播者。

3. 利用科学家的故事,打破科学的神秘感,让学生知道科学就在自己的身边,只要努力,就有收获。

4. 对于学生一知半解的问题,老师注重正确地把握和引导,将学生的注意力集中到对知识的探究过程上。

(深圳市南山实验学校　杜亚伟)

从微观角度认识质量守恒定律

【设计理念】

在科学探究过程中,通过比较、判断,不断地揭示矛盾和解决矛盾,激发学生强烈的求知欲,同时开发学生的智力,培养学生的合作意识以及勤于思考、严谨求实、勇于创新和实践的科学精神;通过对化学反应中反应物及生成物质量的测定,培养学生用辩证法分析、解决问题的能力。

【活动目标】

1. 认识质量守恒定律,能说明常见化学反应中的质量关系。
2. 从微观的角度认识质量守恒定律。

【活动准备】

1. 制作多媒体课件,内容是科学探究的过程。
2. 查阅质量守恒定律的发展简史。

【活动过程】

一、回忆与引入:1. 回忆所学过的化学反应以及化学反应的依据;

2. 提出问题:参加化学反应的各物质质量总和与反应后生成的各物质的质量总和存在什么关系?

二、讨论与交流:1. 针对刚才的问题大胆提出你的猜想。

2. 设计实验验证你的猜想。

三、活动与探究:分组实验:

    A 组 白磷燃烧

    B 组 铁钉与硫酸铜溶液反应

四、交流与展示:描述实验现象,通过具体数据比较反应前后物质总质量的关系。

五、反思与小结:质量守恒定律的得出。

六、讨论与交流:小组讨论:为什么反应前后各物质质量总和相等?

(以过氧化氢制取氧气为例,举例说明)

七、活动与探究:蜡烛燃烧前后质量的测定

八、交流与展示:描述实验现象,分析:蜡烛燃烧前后,质量减轻的原因。

【活动评述】

　　通过教师的组织、引导、点拨，引领学生设计和实验验证了质量守恒定律，使学生初步认识了科学探究的含义。

　　通过对实验的操作与观察，锻炼了学生动手实验能力及观察分析问题的能力。

　　通过分析、推理等方法，引领学生从微观角度认识到在一切化学反应中，反应前后原子的种类、数目、质量没有增减，所以反应前后反应物的质量总和与生成物质量总和相等。

（深圳市南山区蛇口中学　雷　坚）

挖掘生活中的科学教育资源

【设计理念】

　　学生对科学的兴趣是学习科学最直接和持久的内部动力,从学生的日常生活实际中挖掘科学教育资源,解决一些简单的科学问题,引发新的科学问题,是引导学生对科学产生学习兴趣的有效途径。本设计力图通过学生生活体验,结合课标对盐的知识的要求,培养学生收集资料的能力、提出科学问题及科学探究的能力、对科学知识的系统归纳的能力,以及对情感、价值观、辩证唯物主义思想等方面的教育,实现科学课程的核心理念——提高学生的科学素养。

【活动目标】

　　1. 体验生活、领悟生活中的科学知识。

　　2. 了解食盐的种类,说出食盐的发展历程及趋势。

　　3. 认识、探究食盐的性质。

　　4. 能区别氯化钠、食盐、盐。

　　5. 常识性了解碘盐、健康盐、营养盐与人的健康的关系。

【活动准备】

　　1. 利用在家休息的时间,到市场考察食盐的种类并为家里购买一至二袋食盐;填写考察表。(见附件)

　　2. 制作多媒体课件(电影《闪闪红星》片段、海水晒盐过程、食盐中毒事件、食盐的种类、食盐与健康、氯化钠的性质等)。

　　3. 实验药品与器材:氯化钠、硝酸银溶液、1－2毫升汗液、水、试管、量筒、胶头滴管、天平、烧杯等。

　　4. 网上浏览有关食盐的信息。

【活动过程】

　　引入:食盐是人的日常生活中不可缺少的物质。它与土壤、空气、水、火一起,构成人类生存的五大要素。早在20世纪50年代,国际上就把食盐、煤炭、石油、石灰和硫磺合称为五大基本工业原料。同时,食盐作为基本化工原料,有"化学工业之母"的美称,始终与人类有着密切的联系。食盐对于人类的作用,首先是从生理的需要出发的。食盐在人的组织里对渗透压维持一定的调节作用,可以向细胞内输送水分,并有保持液体的中性功能作用。食盐对于神经可起兴奋作用,并是制造胃液和胆汁的重要原料。人缺乏盐分就会感到疲倦,食欲减退,消化不良,引起精神失常以至死亡。人的一生不能离开盐,因此,盐对于人类至关重要。

播放电影《闪闪红星》片段。请学生发问：潘冬子与爷爷怎样机智勇敢地为山上的红军送食盐的？你还发现了什么？

交流：学生汇报对食盐的考察情况。

种类：粗盐、原盐、精制盐、碘盐、健康盐、营养盐等。

成分：主要成分都是氯化钠。

讨论：食盐与健康的关系。我们知道食盐的主要成分就是氯化钠，这是人们生活中最常用的一种调味品。但是它的作用绝不仅仅是增加食物的味道，它是人体组织的一种基本成分，对保证体内正常的生理、生化活动和功能，起着重要作用。Na^+和Cl^-在体内的作用是与K^+等元素相互联系在一起的，错综复杂。其最主要的作用是控制细胞、组织液和血液内的电解质平衡，以保持体液的正常流通和控制体内的酸碱平衡。Na^+与K^+、Ca^{2+}、Mg^{2+}还有助于保持神经和肌肉的适当应激水平；NaCl和KCl对调节血液的适当粘度或稠度起作用；胃里开始消化某些食物的酸和其他胃液、胰液及胆汁里的助消化的化合物，也是由血液里的钠盐和钾盐形成的。此外，适当浓度的Na^+、K^+和Cl^-对于视网膜对光反应的生理过程也起着重要作用。可见，人体的许多重要功能都与Na^+、Cl^-和K^+有关，体内任何一种离子的不平衡（多或少），都会对身体产生不利影响。食用盐是人们在烹制食品、腌制食物时不可缺少的调味品，更是人们保持新陈代谢平衡的主要原料。

小组探究实验：汗液中是否含有食盐？或汗液中含有食盐吗？（汗液与硝酸银溶液的反应。）由科学学习小组长组织探究活动，小组各成员相互协调、相互配合，按照科学探究的基本方法来完成该活动。

探究课题：汗液中是否含有食盐？

提出问题：①_____，②_____，③_____。

猜想和假设：_____。

设计实验：仪器药品_____，

操作步骤_____。

实验观察、收集证据：现象_____。

交流与评价：由小组长组织，指定主发言人，注意矫正补充。

播放海水晒盐等有关光碟。认识食盐的溶解性、水与食盐水的密度比较、水与食盐水中的浮力对比实验。通过小组实验来实施。

学习归纳氯化钠的性质和用途：食盐是氯化钠的俗名，化学式：_____，物理性质：晶体，易溶于水，20℃溶解度为36克，水溶液呈中性。

化学性质：向食盐水中加入硝酸银溶液产生不溶于稀硝酸的白色沉淀。化学反应方程式为：_____。

用途：调味品、0.9%医用生理盐水、工业原料。

探究活动：(交流网上浏览的有关食盐的信息)碘盐与地方性甲状腺肿大病，钠盐与老年痴呆症，食盐的变迁，食盐中的新宠儿——健康盐、营养盐。

碘缺乏病是由于人类生存环境中缺少人体必需的微量元素碘所造成的一种地球化学性疾病。它包括地方性甲状腺肿、克汀病和亚克汀病，单纯性聋哑、胎儿早产、流产、死产和先天畸形等。按照世界卫生组织的标准，我国几乎全部处于缺碘地区，生长在这些缺碘地区的农作物、动物和人都处于碘缺乏状态。

纵观盐的发展史，从早期人们食用的土盐到精制食盐、碘盐，我们可以大胆地预测：未来的食盐世界，营养盐将占有重要地位。每个家庭都应重视碘营养的补充，要主动购买碘盐，不吃非碘盐。同时，要认识到食物补碘已足够了，不要再专门吃碘丸、碘片等，碘过多也会引起疾病。

我们注意到各种老年病的发生率也在提高，如动脉硬化、高血压等，得这些病主要是由于人体缺乏钾而造成的。调查结果显示，我国正逐步走向人口老龄化，针对这一现状，国家推出了低钠盐，老年人食用后既可预防又可治疗一些老年性疾病，能有效地减轻打针、吃药所带来的麻烦和痛苦。

低钠盐主要以食用盐、氯化钾和硫酸镁为主要原料加工而成，其中氯化钠含量在 $65.00 \pm 5.00\%$，氯化钾在 $25.00 \pm 5.00\%$，硫酸镁在 $10 \pm 2.10\%$。

区别氯化钠、食盐、盐。界定盐的概念：由金属离子和酸根离子组成的化合物叫盐。例如：氯化钠、硫酸钠、硫酸铜、碳酸钙、碳酸钠、硝酸铵等。说明氯化钠是盐类物质中的一种。

时事介绍：用工业用盐代替食用盐的中毒事件介绍（报纸资料）。通过这些资料让学生认识到科学知识对人类有着重要的关系。因此，我们应认真、扎实地学习科学知识，树立远大理想，为社会的发展与进步做贡献。

小结、练习：同学们，目前深圳市场普遍销售的食盐主要有两种：一种是"碘盐"、另一种是"健康盐"（当然你可以回家查一下你们家里使用的是哪一种）。其中"碘盐"的使用说明书上写有"配料：氯化钠、碘酸钾（$I=35 \pm 15mg/kg$）；作用：防治碘缺乏危害；生产日期：（略）；保质期：密封包装 18 个月"。而"健康盐"的使用说明书上写有"配料：氯化钠、氯化钾、硫酸镁、碘酸钾；作用：（略）、生产日期：（略）、保质期：密封包装 18 个月"。请回答下列问题：

1. 这两种食盐的主要成分的化学式分别为：

"加碘盐"：_____、_____。

"加碘钾盐"：_____；_____；_____；_____。

2. 这两种"盐"中都加"碘"，这里的"碘"是指_____（填"碘单质"、"碘元素"）。

3. 你知道为什么要推行食用"健康盐"吗？_____。

4. 某同学为了测定"健康盐"中硫酸镁的质量分数，他取用 10 克食盐溶于适量水配成溶液，向其中逐渐滴加 5% 的氢氧化钠溶液观察有沉淀产生，继续滴加直到不再产生沉淀为止，共用去氢氧化钠溶液 16 克。请帮助计算"健康盐"中硫酸镁的质量分数。

【活动评述】

开放的教学内容来源于身边，来源于生活实际，开放的教学活动空间，到市场去体验，从生活中去体会收集，来课堂上交流与归纳，开放的教学形式、交流、探究、讨论、展示、讲解、实验等相融合，在师生平等和谐的对话中掌握知识、形成价值，这是朱老师这节课的特点。这节课既突出了新课程倡导的探索、解释生活和生产中的有关科学现象，解决有关科学问题的理念，又保留了传统教育的理解基本科学事实、概念，掌握相应的基本技能的精髓；既重视能力的培养，又体现科学态度、情感与价值观和对科学的好奇心的形成。这也正是我们新课程改革所期望的。

（深圳市南山中英文学校　朱国华）

给你思考空间，还我意外惊喜

【设计理念】

在法国科学界和教育界的帮助下，一项由中法两国合作实施的科学教育项目——"做中学"正在中国的各城市陆续展开。这种全新的教育模式正在悄悄地改变中国传统的教育方式。"重力与运动"、"能量与力"、"空气的构成"……过去，这些艰深的科学知识大多由老师直接教授给学生。如今，越来越多的学生是在老师的指导下，通过有趣而轻松的实验来掌握这些知识的。这是全新的科学教育思想，我们能否在教学中实践呢？怀着试一试的心态，我在上到9年级《科学》第五册第三章"能量的转化与守恒"中第四节"动能与势能"时，设计了一个教学活动，活动中最大胆的尝试是：第一，将课堂搬到室外，利用操场的一些条件开展教学。第二，教师只给学生一些思路与工具，留给学生巨大的思考空间，让学生在小组同学的合作中自己设计具体的活动方案并进行实践证明。

【活动目标】

1. 培养学生小组合作学习精神，提高学生自我设计实验方案的能力。
2. 亲身体验和理解影响动能和势能的基本因素。
3. 引导学生自己抽象总结现象与本质的关系，学会科学的语言表达。

【活动准备】

上课前一天准备好大小不同的铁榔头两个、大铁钉若干、大小不同的实心球若干个、长条形木板两块、空塑料饮料瓶若干等物品。设计了一张"探究性实验记录表"，其中，提出了两个探究性的问题：(1) 影响重力势能大小的因素有哪些？(2) 影响动能大小的因素有哪些？

【活动过程】

一、到操场上科学课去！

师：同学们，过去我们上课要么在教室，要么在实验室或多媒体教室，今天，我们要换个地方，到操场去"玩"课去。大家说好不好？

同学们一阵欢呼雀跃。

师：但是，我们"玩"要玩出名堂来，可不是随便玩玩的。现在首先讲好"游戏规则"，虽然是在室外，但一切行动要听指挥。我们按照分好的小组，大家共同合作来上好今天这堂课。

请几位男同学帮老师带上这些工具，向着操场一角，出发！

操场一角跳远沙坑处已经放好了许多实心球。

在老师的统一指挥下,同学们分组就地坐在草坪上,上课开始了。

二、课题导入

师:今天我们到这里来,任务是要研究影响动能和重力势能的因素有哪些。通过前面的学习,我们大家已经知道了什么是动能和势能,现在请大家列举一些生活中或自然界中哪些现象具有动能,哪些现象具有势能。

杨明:小鸟飞行时具有动能,也具有势能;汽车运行的时候,具有动能。

钟镇恭:石头从山上滚下来时,具有势能,也具有动能。

师:大家看,老师手上拿着这本书,它具有什么能?(老师高高地举起书)

生:具有重力势能。

师:如果让书从手中落下的过程,书具有什么能(边说边让书从自己手中落下)?

生:同时有动能和势能。

经过大家的讨论,明确了动能与重力势能的一些现象及其相互之间的区别后,老师将探究性实验记录表发给了大家。

三、重力势能谁大谁小

师:(指着沙坑)大家看这边是一些我们非常熟悉的地方,但是,今天我们要利用它们来帮助我们进行一些探究工作。现在每个小组讨论一下,以这个现场为条件,怎样设计实验活动。先来完成我们今天的第一个课题——探究重力势能的影响因素有哪些?设计好的小组就可以开始行动了。

各小组展开热烈讨论。很快,同学们起身离开草地,来到沙坑处。按照惯例,每个小组都有一个实验记录员,几个实践操作员。只见每个小组的成员都自发地围成一个圈,有抱起实心球就开始直接举高后砸向沙坑的,有蹲在地上将沙子堆成"小山包"的,有讨论应该先用大小相同的球实验,还是先用相同的球实验的。总之,现场十分热烈。

各小组在沙坑边排开,老师巡视在每个组的边缘,及时提醒大家注意的事项,仔细观察着每组同学的活动过程。

某小组一个细心的同学提议:"我们应该将两个不同大小的球放在同样的高度,放手后,看沙堆被砸的深度进行比较。"他的意见很快被大家响应,两位同学立刻将沙子堆成一个圆台形状,还特意用手将表面抹得非常平整,然后各抱起一个大小不同的实心球,举到同样的高度,落在沙堆上,大家看到沙子被溅出的多少以及深度都有明显区别。又有同学重复地"玩"刚才的实验。这时老师及时提醒大家,赶紧记录下实验过程及实验现象。接着,又有同学发话了:"我们还应该将两个同样大小的球放在不同的高度落下试一试。"一语惊醒"玩中人",大家又开始了新的实验。

由于几个小组相互之间可以观察、学习,加上老师的及时提醒,最后每个小组都能够完成"不同大小球相同高度"的实验和"相同大小球不同高度"的实验。看到大家实验都顺利完成,老师将同学们集合到草坪上。

师:刚才大家都用实心球进行了实验,每个小组派代表汇报实验设计和实验现象及结论。

周琦倩:我们小组将大小不同的球从相同的高度落下后,看到的现象是球越大,沙堆沙子向外溅得越多,沙堆被砸得深度越深;我们将同一个球从不同的高度落下时,高度越大,现象越明显。

师:你们得到了什么结论吗?

丁铃:我们的结论是,影响重力势能的因素有"物体的重量"和"物体距离地面的高度"。重量越大的物体,重力势能越大;高度越大的物体,重力势能越大。

师:刚才大家都提到了实验中"相同什么,不同什么",还记得这种做法在科学研究过程中称为什么法吗?还有丁铃同学提到的"重量"这个概念用在这里是最合适的吗?

生(七嘴八舌):"控制变量法",应该用"质量"。

师:很对。但是既然大家知道这叫"控制变量法",应该用"质量"来描述,那么下结论的时候应该是……

平时最愿意动脑筋的符灿同学立刻举手回答道:"我们的结论是距离地面高度相同时,质量越大的物体,重力势能越大。物体质量相同的时候,高度越大的物体,重力势能越大。所以,影响重力势能的因素有物体的质量和距离地面的高度。"

这是一个十分完美的结果,花的时间也不是太长。在老师的提醒下,大家将结论记录了下来。

四、八仙过海,各显神通

师:好,我们刚才完成了第一个探究实验。下面还有一个比较复杂的问题等着大家来解决。我们拿来的材料,大家刚才只用到了实心球。下面请大家继续利用这些材料,设计新的探究实验——"影响动能大小的因素有哪些"。小组先讨论后行动。

一个距离铁榔头和铁钉最近的小组,简短讨论之后,迅速抢到榔头、铁钉和一块木板。几个同学开始争论着如何操作。

一个小组还是拿到了几个实心球,来到跑道上。

这时场面一片"混乱"。另外还有两个小组的同学呆呆地望着别人都有目的地抢到了材料,自己却一筹莫展,不知所措,坐在原地没有动的意思。老师仿佛看到了大家的为难之处,连忙提醒道:"你们玩过或看过打保龄球吗?"

这短短的一句问话,好几个同学立刻起身,抢到了没有人要的塑料饮料瓶,直接跑到最近的洗手间,迅速将饮料瓶灌满水后跑回来。

整个操场一角被学生变成了一个科学实验场。同学之间各种不同的思想火花撞击出了一幕幕精彩的画面。老师课前对这堂"实验课"能否成功的担心,现在全部被眼前的景象化解了,她看到的是这些孩子们表现出来的惊人的想像力和创造力,课前预想到的、没想到的各种方案都出现在了面前。老师带着欣喜的笑容观察着不同小组的各种活动。

小组集中汇报时间到了,老师让大家集合起来,小组再次选出发言代表,这次的汇报可是八仙过海,各显神通。

一组代表符灿:我们小组用的是榔头、铁钉和木板。我们试着将铁钉钉进木板时,发现同样的榔头,男生比女生钉的更快,这与男生力气大,挥动榔头的速度有关,说明速度越大,物体的动能越大。但是当男生用小榔头,而女生用大榔头时,就不一定了。另外,我们同一个人用大小不同的榔头,大的就比小的更容易成功。用小榔头时,钉起来就很费力,而且效果不好。这可能与榔头质量的大小有关,所以我们猜想物体质量大小也会影响动能的大小。

二组代表李马可：我们小组用的是木板加装满水的塑料瓶。我们将木板斜放后，将一个小球从上面自然滚下来，在前面不远的地方排好几个饮料瓶（像保龄球一样），发现同一个球从不同高度的斜坡上滚下后，撞倒瓶子的力量和数量不同。越高，小球的速度越大，撞到瓶子的力量和数量就越大。所以我们认为物体的动能与它运动的速度有关。同样这个实验还能说明高度越高，物体的重力势能也越大，因为小球滚下的速度与斜坡的高度成正比。另外，我们用大小不同的球从同样的高度放下来后，球大的撞倒瓶子的力量和数量也越大，说明质量的大小也会影响物体的动能大小。

三组代表李莹：……

四组代表杨瑜铃：……

几个小组由于使用的工具不同，设计的方案不同，所以汇报的实验过程也不同，但大家得到的结论都基本相同。表面上看起来，同学们各自为阵，场面混乱，但实际上同学们表现出来的聪明才智真的大出老师意料，而且"玩"的还特别开心。

整堂课上，老师讲话的时间没有超过十分钟，而同学们的合作活动和口头汇报占用了大量时间。由于意外的成功，怀着满心的喜悦，老师简要地总结了同学们实验的过程和结论，提出了一些课后要求，并且给大家又出了一道思考题：设计一个探究弹性势能影响因素的实验，下次课上相互交流。

【活动评述】

这是一堂没有粉笔、没有黑板，但有更多的思考空间和动手机会的室外课，营造的是合作、思考，"玩性"十足、轻松自如的课堂环境。这也是一堂在"做中学"、"做中悟"的比较成功的课。"将科学课堂搬到室外去上"原是很理想的，但常常因为许多因素的限制，难以操作。这堂课却能够如此轻松、愉快地做到，而且还为同学们创设了如此巨大的思维空间和创造空间，所有的实验方案都来自于同学们的自主思考、思维活动的相互碰撞以及相互之间的合作与启发，真正做到了激发学生的兴趣，把学习的空间、思考的空间、创造的空间还给学生，实现了学生在轻松愉快的"游戏活动"中动脑、动手和动口的教学过程。

（深圳市南山中英文学校　焦燕玲）

"山洞"历险记

【设计理念】

《科学》第四册第二章第4节,课题为"生物是怎样呼吸的"。引导同学们对呼吸过程中所发生的各种变化进行综合概括,突出探究性学习对学生归纳能力的培养,是本次活动设计的主要目的。

由于上课时期正值学校艺术节活动期间,同学们都沉浸在各种表演活动的排练之中。为了使同学们对本次课的内容感兴趣,我想到了用小品这种学生喜闻乐见的形式来设计这次教学活动,让同学们在表演过程中,对呼吸过程做一个详细的了解。

在教学手段方面充分运用现代化信息技术的平台,以多媒体教学设备和相关的大量素材为辅助资料,展示生物的呼吸过程,为学生营造一个更加轻松的学习环境和学习条件。

【活动目标】

1. 知识目标:
(1) 认识空气中氧气对生命体生命活动的意义。
(2) 了解人体呼吸系统的结构和气体交换过程。
(3) 了解呼吸作用对人体生理活动的重要意义。

2. 能力目标:
通过对呼吸过程的认识,培养学生自我总结的能力。

3. 情感目标:
使学生进一步认识到人与自然的协调发展的现实意义。

【活动准备】

课前布置学生分组查阅有关资料,制作多媒体课件,以便课堂交流。

【活动过程】

一、引入新课

师:这几天,我发现有些同学上课精神不太集中,下课后特别忙碌,原因是下个月……

生:(话音未落,反应快的学生插嘴)艺术节!

师:我知道大家都在盼望着艺术节,今天我们也来给艺术节增加一个特别节目吧!

生:……(一阵沉默。同学们认为我说的是"反话",以为要挨批评了。)

师:不愿意吗?(我故意板着面孔问)我现在需要招募"演员"哦。

（一会儿，学生们明白了我的意思，七嘴八舌地议论起来。）

二、新课进行

师：在进行排练之前，我要检查上星期布置的作业。第一组，你们先来介绍你们所查阅的有关资料。

生：我们小组查阅的是人的鼻。我们的鼻腔上有鼻毛和黏膜，黏膜能分泌黏液，鼻毛和黏液可以阻挡和吸附灰尘和……

师：（打断）暂停一下，这样的介绍太枯燥了，我们能换一种方式吗？用表演的形式，更加形象、生动地告诉我们有关鼻的知识行不行？

（学生们有点不知所措）

师：比如可以加上形体动作和声音效果配合解说，或者由小组的同学一起来展示你们的观点。现在我给大家几分钟时间，每个小组好好讨论一下，一会儿每个小组都用表演的形式给大家介绍。

学生活动：各小组同学聚集在一起讨论起来。

师：（巡视一会后，看到每个小组都基本讨论就绪）现在我是观众加评委，来听听你们的介绍。

学生活动：各小组同学分别就本组分配的任务，把所查阅的有关人体的呼吸系统的各器官的概况和功能简单地表述出来。

（尽管表述有进步，但仍不够生动活泼。渐渐地学生们也没有多大的兴趣，老师假装昏昏欲睡。）

师：你们的介绍都让我快睡着了，我的呼吸系统可不是这样。下面看看我这"著名导演"来给你们露一手。我要讲的是一个童话故事，需要你们作为演员来配合表演。

（根据各小组所查阅资料的特点，让他们分别贴上不同的标签，扮演不同的角色。由于已经对有关资料有所了解，因此学生对自己的角色扮演经指点很快就进入了角色。

老师开始朗读一份事先准备好的剧本，参加表演不同角色的同学根据剧情进行即兴表演）：

"山洞"历险记

一天晚上，小明趴在桌上睡着了。

一群人喝醉酒似的晃晃悠悠地走来了。大哥氮气对二哥氧气说："前面有个山洞，你去看看情况。"二哥氧气伸头张望了一下，往后退了一步，说道："里面黑糊糊的，我怕。"小弟二氧化碳走出来说道："二哥现在是越来越胆小了，我不怕，我去！"说着话，爬到洞口看了看，回头说道："洞很深，看不到底，光线不足，看不太清楚，里面有很多铁栏杆，地上好像还有些水。"

一行人都走了过来，正在洞口张望，突然，一股巨大的力量将他们都卷了进去。

最后一股无比巨大的力量将众人抛了出去，一行人狼狈地爬出洞口。

大家互相看看，大哥氮气安然无恙，二哥氧气遍体鳞伤，小弟二氧化碳倒胖了一圈。

（老师一边朗读，同学们一边表演。老师不时地对同学们的动作加以指点，要求表演更夸张些。教室里不时发出哄堂大笑，课堂气氛十分活跃。）

师：大家知道这群人干什么去了吗？

生:到人的体内历险了一圈。

师:那么他们的历险行程大家看明白了吗?现在来回顾一下。

(展示多媒体课件,结合剧情回顾相关的科学知识并和同学们一起总结。)

1. 历险的行程——人体的呼吸系统由哪些器官组成?
2. 各地情况有何特征?——这些器官分别有什么作用?
3. 他们如何掉进山洞又如何出的山洞?——人的吸气过程和呼出过程是怎样的?
4. 兄弟几个历险前后有何变化?——吸入的空气和呼出的气体的成份进行比较。
5. 为什么有这样的变化?——空气中氧气对生命体生命活动的意义。

(下课铃响,同学们还沉浸于表演的快乐之中……)

【活动评述】

《课程改革》倡导学生主动参与、探究发现、交流合作的学习方式,注重学生的经验与学习兴趣,力求改变过分强调接受学习,死记硬背、机械训练的教学方式。本节课堂活动设计在这个问题上进行了一次突破性的尝试,特别是对那些以记忆性为主的教学内容,通过以生动形象的表演形式展示出来,鼓励学生人人参与,化枯燥为激情演绎,使学生的兴趣和兴奋点始终处于被激活的状态,十分有利于学生接受。

(深圳市南山区荔香中学　夏　旸)

整合教育资源,提高学生自主学习能力

【设计理念】

本章内容介绍了人类对宇宙的形成、地球生命的诞生和发展的认识的科学发展过程,涉及从"宇宙的起源"、"太阳系的形成"、"恒星的演化"、"地球的诞生"到"地层的演化和地质发展史"、"生命的诞生"、"生物的进化学说"、"遗传和变异"、"基因"等由宏观到微观、由遥远到现代的最新科学理论。这些内容距离学生的生活既遥远又抽象,而学生还特别感兴趣,因而教学中就必须考虑如何更好地整合教学资源。教材给我们提供的资源是有限的,为了让学生有更大的发展空间,我们想到了设计这个教学活动做一些教学补充,旨在充分利用现代发达的信息资源,提高孩子们的自主学习意识和能力,从而达到使学生的认知水平和学习能力得到提高,对科学假说的理解更加深刻的目的。

【活动目标】

帮助学生初步建立起一个唯物辩证的自然认识观,并为学生建立起人与自然和谐发展的观念奠定科学思想的基础。同时为学生创设探究式学习的情景,引导学生带着自己感兴趣的问题学会查找资料,整合课内课外的教学资源,学会自主学习,体验科学探究过程。

【活动准备】

要求学生就自己感兴趣的问题写一份科学考察报告或者小论文,可以单独或几位同学合作完成。本章内容结束之时,举行一场"科学报告汇报会"。活动设计提出了如下一些问题:1. 宇宙的起源;2. 太阳系的形成;3. 地球上生命的诞生;4. 生命是如何遗传和进化的等。随着教学内容的逐渐完成,陆陆续续地收到了学生的各种"小报告"和"小论文"。内容丰富多彩,论题各有侧重。其中有《宇宙的起源》、《太阳系与星际旅行》、《星光灿烂——太阳系的大行星》、《我从哪里来》、《水是生命之源》、《宇宙之奥秘——太阳系》、《探索地球——生命之源》、《自然灾害》、《地球的演化与运动》、《进化论大剖析》、《生命起源和进化过程》、《基因与人类》……有些报告不但内容丰富,而且版面设计优美。

【活动过程】

一场同学们自己的"科学报告汇报会"就要开始了。这场报告会是在班干部的主持下进行的。班干部将同学们的科学考察报告进行了分类,并要求同学们在汇报的过程中重点把主要的内容和观点介绍清楚。

主持人:现在请同学介绍有关宇宙起源、太阳系或恒星的形成、地球的演化的报告。属于这一类型的报告的同学优先发言。

钟政恭同学：我报告的题目是《宇宙的起源》。

关于"宇宙的起源"问题，在人类的发展历史过程中，不同的国家、不同的民族对宇宙都有许多不同的认识和理论，科学家对宇宙的起源也提出了各种假说。今天重点介绍当今最流行的理论——"大爆炸理论"：

大爆炸开始于150—200亿年前，宇宙体积极小，密度极大，温度极高。

大爆炸后10^{-43}秒宇宙从量子背景出现。

大爆炸后10^{-35}秒统一场分解为强力、电弱力和引力场。

大爆炸后10^{-5}秒温度为10万亿度，形成质子和中子。

大爆炸后30万年后温度为3000度，化学结合作用使中性原子形成，宇宙主要成分为气态物质，并逐步在自引力作用下凝聚成密度较高的气体云块，直至恒星和恒星系统。

随着该同学的介绍，同学们对此兴趣更加浓厚，有位同学兴奋地说："哦，原来宇宙是这么复杂，又是这么简单的。"该同学接着还介绍了英国著名理论物理学家霍金的"开放爆炸"论。紧接着郑燕同学的《宇宙之奥秘——太阳系》、周琦同学的《地球的演化与运动》都得到了同学们的热烈欢迎。

主持人：现在请同学们介绍有关生命现象的科学报告。

李娟娟同学：我报告的题目是《地球生命演化》，大家请看大屏幕上。

只见大屏幕上出现了一幅宇宙大、小行星相撞的精美图片和用艺术体展现的大标题《地球生命的演化》，以及本报告组的成员名单：杨洁、曾珍、郑彩玲、张宇芬。

李娟娟同学：地球的形成与生命的演化过程，蕴藏着多少自然的奥秘，曾经牵动了多少科学家的心弦。那么，地球的形成过程究竟有哪些特点？生命演化到底有什么秘密？让我们一起来探索这些科学之谜吧！

李娟娟同学利用电脑把她的科学报告投影到大屏幕上，分别有"地球的演化"、"生命的演化"、"生命的进化"三大板块的知识结构，再配上一幅幅精美绝伦的图片，她将报告内容宣讲得有声有色，条理清晰。同学们看到那些图片，一片赞叹之声在教室响起，"太漂亮了！""哇塞！"

这篇科学报告的版面设计非常精美，充分运用了电脑技术和网络的资源，内容极为丰富，给同学们带来了大量的书本之外的科学信息。这是一篇优秀的科学考察报告。随后就是刘海洪同学的《生命起源和进化过程》、金亚楠同学的《自然灾害》、王晓同学的《进化论大剖析》、张慧琪同学的《基因工程知多少》、庄娟银和黄丽芳合作的《基因与人类》等。时间过得真快，两节课的时间很快结束了。台下同学的笔记本已经记下了满满的几页纸。

老师：同学们的科学考察报告内容丰富，范围广泛。我们通过这次报告会使大家的视野开阔了，思维活跃了。由于时间有限，我们没有办法把所有的报告一一介绍，课后同学们可以再相互交流一下。今天的汇报会非常成功，同学们的报告十分精彩，我们今后还将创造更多的机会给大家进一步展示自己。

【活动评述】

本章内容是当今世界科学界的热门话题，虽然离学生的现实生活遥远而抽象，但这位教师抓住了学生"感兴趣"的特点,激发了同学们自主学习、合作探究的精神,设计了一个学生可以自我学习、自我表现的教学活动,并且得到了同学们的积极响应。针对本章内容的特点,这位教师充分利用了学生的情感资源和现代化教学手段,让学生针对自己感兴趣的问题上网查找相关资料或课外书籍,写出自己的"科学报告"。从学生报告会的情况介绍来看,学生的报告内容是很丰富的,涉及的范围也广泛。通过这样的活动,老师为学生提供了一个很好的学习平台,同时也为学生发展想像力和创新精神提供了广阔的空间。

(深圳市南山区西丽第二中学　肖明华)

我饿了……

【设计理念】

探究学习是从学科领域或现实社会生活中选择和确定研究主题,在教学中创设一种类似于学术(或科学)研究的情境,通过学生自主、独立地发现问题、实验、操作、搜集与处理信息、表达与交流等探索活动,获得知识、技能、情感与态度的发展,特别是探索精神和创新能力的发展的学习方式和学习过程。

探究学习的目的在于让学生用科学的方式学习知识,强调学生的学习方法、思维方式和学习态度的培养。

【活动目标】

尝试建立生物食物关系的模型(食物链和食物网)。

【活动准备】

1. 课前要学生搜集关于生物之间食物关系的资料。
2. 尝试建立生物食物关系的模型。

【活动过程】

本活动为浙教版第六册第二章《生物与环境》第二节《生态系统》中关于生物之间的食物联系中一片段

一、创设氛围,促使师生共同进入探究的角色之中

师:我们通过刚才的学习知道了生态系统是由生物因素和非生物因素组成,生物因素根据它们的营养方式分为生产者,消费者和分解者。那么这些生物因素怎样互相影响,通过什么样的关系对生态系统造成影响呢?下面,请同学们进行一下这样的尝试。

1. 教师提供学生收集的野生生物图片资料(包括细菌、真菌、植物和动物等方面的内容)及剪刀、糨糊、卡纸(约1.2米×1米)、彩色记号笔等。

2. 分组进行如下活动:

剪下资料中的生物图片,根据上述生物的食物关系,创编自己的例子,在一张卡纸上编制食物链。(至少编制五条不同的食物链,每条链至少有四种生物,并用箭头表示食物关系或其他关系。)

二、提供空间,充分发挥学生的潜力,为学生探究创设充足的条件

师:大家做得很好。你们可以互相欣赏一下各自的作品。

(同学们交流。)

师：你们觉得大家做得怎么样？很好吧。但是你们在欣赏自己和别人的作品时，你发现了什么？

生：我们组比其他组编得多而且快。

生：我们组收集的材料比他们多。

……

师：你们没有与众不同的发现吗？

生：我发现我们做的食物关系的卡片上的有些生物和其他卡片的有些生物存在着吃和被吃的关系。比如，在我这条链中的兔子可以被狼吃掉，也可以被我们组另外的链中的狐或者鹰吃掉。

生：我也发现了有些生物不只是一种动物的食物，还可能是另外许多种动物的食物。它们的食物关系不是单纯的只像我们所编制的关系，而是非常复杂的。

……

师：我非常钦佩这些同学，他们能够在大家看来非常平常的现象中发现不平常的问题，这就是科学家探究世界必不可少的素质。发现问题是科学研究的一个非常重要的环节，是科学研究的首要问题。

三、提供机会，亲身体验，乐在其中

师：通过刚才的观察，大家发现，在一个生态系统中，各种生物之间由于食物关系会形成一种相互的联系，这种关系就是食物链。下面，我们一起来探究一下，我们班"动物园"的生物的关系如何呢？在我们班的这个"生态系统"中，这些食物链之间是不是互不干涉内政的呢？

活动如下：

食物链完成后，查看食物链中的食物关系，是否一条食物链中的生物还是另外一食物链中的食物。找出捕食者和被捕食者，寄生者或寄主，植物和以它为食物的动物。用记号笔画出存在于食物链之间的食物关系。

在另一卡纸上，按你发现的一系列食物关系，将上一张卡纸上的食物链切成小条，重新安排它们以表示所有关系。（注意：将食物切成任何片段时，不要打乱它们原先的关系。）

四、趁热打铁，从问题中发现问题、解决问题

师：非常好，那么通过刚才的活动，你从中得出什么结论？

生：我认为在自然界中，某种生物可以以多种生物为食，而这种生物也可能是其他多种生物的食物。

生：在自然界中，生物关系不是单一的食物链的关系，而是错综复杂的。

生：对，我同意，你们看我们做的卡片，都快成蜘蛛网了。

师：对，在生态系统中，各条食物链之间是相互交错，彼此联系成网状结构的，这种网状结构就是食物网。那么，你们通过刚才的活动，又发现了什么呢？

生：我发现有些生物可以以几条食物链中的生物为食，如果其中一种食物灭绝了，它们还有另外一些食物，因此对于它们的生存是非常有利的。

生：我同意，但我补充一点，通过我们组做的卡片，我发现由于食物网的关系，许多处于被捕食的生物，可能因为它的天敌还有别的食物来源，因而生存的机会大大增加。

生：我不同意，你们看我们组编的食物网中，如果地衣这种生物灭绝，对于极地的生态系统可以是毁灭性的打击。

师：大家说得很好。正是由于生态系统中食物链以食物网形式相互联系，为生物的自我生存和繁衍提供了保障，才有了现在生机勃勃的地球。但地球给予我们的是有限的，它在给我们提供充足的生存资源的同时，还存在着潜在的危机。我们应该保护地球——我们的家园，特别是地球的那些脆弱的生态系统，就像弱小无力的婴儿一样需要我们的保护。

【活动评述】

该教师在这一方案中强调学生动手实践，强调从身边获取学习材料，强调学生主动学习，强调对学生知识学习，特别是学习方法、思维方式和学习态度的培养。在教学过程中，强调学生在活动过程中，与同伴合作、交流，以检验其观点的准确性和有效性。

探究活动要在学习过程中充分发挥学生的主动性，要能体现出学生的首创精神，要让学生有多种机会在不同的情境下去应用他们所学的知识，要让学生能根据自身行动的反馈信息来形成对客观事物的认识和解决实际问题的方案。

强调"情境"对教学活动的重要作用，在实际情境下进行学习，可以使学习者能利用自己原有认知结构中的有关经验去同化当前学习到的新知识，从而赋予新知识以某种特定的意义。

强调"协作学习"对学生知识建构的关键作用，学生们在教师的组织和引导下一起讨论和交流，共同建立起学习群体并成为其中的一员，并与其他成员共同批判地考察各种理论、观点、信仰和假说，对当前问题摆出各自的看法、论据及有关材料并对别人的观点作出分析和评论。通过这样的协作学习环境，教师和每位学生的思维与智慧就可以被全班甚至全年级师生所共享，而不是其中的某一位或某几位学生的独立成果。

(北师大深圳南山附属学校　张　铁)

假如家毁灭后……

【设计理念】

　　自主学习是指在现有教学条件下学生的高品质、高效率的学习。主动性是现代学习方式的首要特征,它相对于传统的学习方式活动表现为:我要学和要我学。自主学习是基于学生对学生的一种内在需要,因而在教学中要激发学生强烈的学习需要与兴趣,在教学内容上能够切入并丰富学生经验,使学生具有足够的自主空间和活动机会,深层次、积极主动地体会和参与教学,有效地增进学生的发展。

　　任何学习都是一个积极主动的建构过程,学习者不是被动地接受外在的信息,而是主动地根据先前认知结构注意和有选择性的知觉外在的各种信息,建构当前事物的意义。

【活动目标】

　　让学生通过游戏,初步体验自然选择和进化的理论的实质。

　　通过简单的游戏,对抽象的理论具体化、形象化,强化学生的感性认识。

【活动准备】

　　课前让学生了解生物进化的证据,根据所学的资料,提出引起生物进化的原因的假设。

【活动过程】

　　本活动为浙教版第六册第一章《演化的自然》第五节《生物的进化》中关于自然选择学说的教学片断

一、在潜移默化中,将学生的思路引入本教学活动的主题

　　师:同学们,前面我们通过了解关于生物进化的一些证据,知道了生物是在不断地进化的,那么生物是如何进化的,我们人类进化的历程又如何呢?下面我们谈一谈自己的想法。

　　生:人类是由猴子变成。

　　生:不对,人类是由森林古猿进化来的,不信,大家看这本书,它详细地介绍了人类进化的过程。

　　生:生物进化是由低等到高等进化的,科学家发现在地质年代越晚的地层中的化石生物结构越简单,反之,化石生物结构越复杂。

　　生:……

　　师:大家的想法很多,是否正确呢,下面我们做一个尝试来验证一下各自的想法。下面先请大家阅读下列短文:

在某一生存环境类似于地球的星球上生活着三种外星人生物,分别生活在被山脉和海洋隔开的三个不同的地区。一种人生活在坚果植物茂密的地方,他们的手形状呈钳状;另一种人生活在水生小动物非常丰富的地方,手呈网状,以捕鱼为生;第三种人生活在有很多蜜汁池塘的地方,手呈勺状。

　　由于造山活动和冰川的覆盖影响整个星球,除了大量的坚果类植物幸存下来,其他食物均遭到破坏,手呈网状和勺状的人由于不能找到可食的食物开始挨饿。

　　后来由于地壳的运动和冰川的作用,使原本分割的三个地区连接起来,使网状手和勺状手的人可以来到有坚果的陆地上,三种人开始在有坚果的陆地上共同生活。

　　师:下面请大家回答:

　　1. 你尝试判断为什么先前三种人的手形状不同?

　　2. 最后对三种人可能发生的变化提出你的想法。

　　生:这很简单,生活在坚果多的地方的人,手呈钳状可以很容易的弄碎坚果,手呈网状很容易捕到鱼,勺状手很容量吃到蜜,这和我们用勺子喝汤一样。大家同意吗?

　　生:同意。

　　生:我认为这三种人第一种人能生存下来,其他人因为没有食物饿死了。

　　生:我认为其他两种人也可能生存下来,因为他们当中可能会有能吃到坚果的人。

　　生:我同意。

　　生:不同意。

二、"寓教于乐"、"做中学",在游戏中让学生体验学习的乐趣

　　教师即时采取行动,趁热打铁。

　　师:大家不要争论了,下面我们通过一个游戏来验证一下自己的想法,好吗?

　　游戏过程如下:

　　1. 教师根据学生的设计提供材料:若干的核桃、金鱼、小瓶水(替代蜂蜜)、核桃钳、小鱼网、若干小匙、小鱼缸、秒表,及学生提出的其他材料。

　　2. 步骤:先四人为一组,其中三人分别扮演鱼网手人、钳状手人和勺状手人,试图:① 剥开核桃;② 捉鱼;③ 吃蜜。另一人分别记录每人完成上述三个过程所用的时间。

　　师:从上述尝试中你得出什么结论?每一种人能有效地获取多种食物吗?

　　生:我认为我是对的,在环境的影响下,人的手会有不同的变化来适应它。

　　生:不同的人在他们所生活的环境中,很容易生存下来。一旦改变,他就不能生存了。

　　生:我不同意。我发现,网状手的人不是一点也吃不到蜜,他也能拿到坚果,把坚果砸碎了,不就吃到了吗?

　　生:我发现每一种人不能都获得全部的食物,只能获得他容易获取的食物。

　　教师笑而不答,继续为点燃学生的学习火焰添加燃料。继续进行以下游戏:

　　让学生分组根据阅读文章中提到的情境,并让学生发挥想像力,进行即兴表演。

三、即时出击,直捣主题,让学生很自然地进入教学设计的轨道之中

　　师:大家的表演非常精彩,在这里我根据大家的表演提出几个问题:

　　1. 你认为这三种人是在他们最初生活的地区形成了三种不同形状的手吗?

　　2. 冰川覆盖陆地后,很快破坏了所有的鱼和蜜,唯有食物充足的钳状手人才能生存吗?

3. 如果鱼和蜜是逐渐消失,而不是一下消失,会出现什么情况呢?

生:我认为最初他们的手是不同的,因为他们的生活环境不同。

生:我不同意,我认为最初的手是相同的。因为,根据大陆漂移学说,我认为起初这个星球和地球一样,所有的大陆是联合成一个板块,因此他们的生活环境相似,他们的手的结构也是很相似的。后来是由于板块的漂移才将他们生活的大陆分开,因此才使他们的手因生活环境不同而发生改变。

师:他回答得很好,并且联系了过去我们所学的大陆漂移学说,这是很值得大家学习的。

生:我来回答后面的两个问题。我认为当食物遭到破坏后,网状手和勺形手的人因为食物短缺而死亡,因此他们将会灭绝,这和恐龙灭绝很相似的。

生:我来补充一点,恐龙灭绝是因为环境变化非常突然,恐龙来不及适应环境的变化,灭绝了。

生:我同意,正如老师提的第二个问题,环境变化过快过猛烈,造成食物迅速消失,因此,我认为冰川覆盖陆地后,很快破坏了所有的鱼和蜜,唯有食物充足的钳状手人才能生存。

师:他们的观点各有一定的道理,谁还发表自己的观点呢?

生:我不同意。比如,刚才活动中,我发现网状手人和勺状手人能够得到坚果,虽然他们不能和钳手人那样轻易地得到并夹碎坚果,但他们可以摔碎或用其他方式弄碎坚果,同样可以得到食物。如果环境变化不是猛烈而迅速的,他们会逐渐用另外的方式得到食物或寻找到另外可以较容易得到的食物而生存下去的。

四、抓住时机,继续深入,进一步激发学生的求知欲,帮助学生营造和维持学习过程中积极的学习氛围

时机成熟,教师顺势提出本单元的主题:大家说的很好。科学家在探索生物进化的历程中,提出了很多的假设,下面我们看一看自己的想法是否与科学家们不谋而合?

五、课后拓展,继续维持学生高涨的劲头,为下一步学习提供动力

1. 尝试写一篇人类活动(例如乡村都市化)对自然环境影响的文章。
2. 阅读和上网查找关于进化和自然选择理论的资料。

【活动评述】

教的本质在于引导,做到含而不露,指而不明,开而不达,引而不发。

教师在教学中通过游戏的形式,帮助学生营造和维持学习过程中积极的学习氛围,帮助学生设计恰当的学习活动,帮助学生明确自己要学什么并获得什么,帮助学生寻找、搜集和利用学习资源,帮助学生发现自己的潜能。因为只有学生有兴趣时,能自由参与探索与创新时,才能学得最好。

在教学中,教师强调动手实践活动,强调从周围生活中取材,强调学生主动学习,强调对知识的学习的同时更强调对学生学习方法、思维方法、学习态度的培养。因为学生必须处于能动的自觉的学习主体的地位,这就是学生的自主性本质所在。

(北师大深圳南山附属学校 张 铁)

我为环保做贡献

【设计理念】

　　针对九年级学生已有一定的科学知识的积累,并已掌握了一些学习科学的基本方法,具备一定的动手实践操作能力的特点,同时也为了提高学生的综合思维能力、创新能力和动手能力,在思考《环境问题与能源利用》的教学时,我设计了以下的教学活动——设计与制作能源利用和环境保护的方案或模型,旨在让学生学会关注身边的环境问题,了解自己生活中的能源利用状况,并在动手设计与制作的过程中真正体验学科学、用科学的乐趣。

【活动目标】

　　1. 让学生真正关注本地区的环境问题、能源利用现状以及如何在合理开发利用能源资源的同时保护好环境。

　　2. 培养学生的创新意识和提高学生的实际动手能力。

　　3. 领会科学对解决现实生活问题的重要意义。

【活动准备】

　　提前一周将任务布置给学生,要求学生根据自己的兴趣从下列三项中选择一项完成。

　　1. 设计与制作有关利用能源的模型或方案。

　　2. 设计与制作有关环境保护的模型或方案。

　　3. 为环境保护设计宣传词、宣传画。

　　另外还对制作和设计出的模型或方案设计了评价标准。

【活动过程】

　　第一环节:导入。

　　联系前面所学内容,让学生认识到在我们的生活中有许多环境问题,也存在能源问题,那么作为当代的中学生除了该学好课本知识外,是否还可以做点别的实事呢?

　　第二环节:组内交流,推选最佳作品。

　　全班按六个学习小组分开围坐在一起,每组学生都将自己制作或设计的作品拿出来在组内交流,然后由组内学生推选出两、三份制作或设计最优秀的作品,代表本组参加班内的展示。

　　第三环节:班内展示,评出最佳。

　　被各组推选出的优秀作品在班内通过实物投影仪向全班同学展示。边展示边介绍构思、选材、作品如何操作等思想背景和设计意图。每个小组都有一名同学成为评委之一，他们按照事先给定的评价标准对全班每组同学的作品进行综合打分，最后评选出了最优秀作品。

第四环节：校内展览。

将全年级各班评选出来的优秀作品在学校宣传橱窗中展示出来，让全校的师生都有机会参观并投票，最后在这些优秀作品中进一步评出不同等级的奖项。

【活动评述】

本次活动设计充分体现了教师以生为本的教育思想，不仅仅注重学生对课本知识的学习，更可贵的是将学生的学习过程、学习内容都与社会紧密结合起来，强调学生的自主性学习、创新性学习和能力培养，活动过程中又引进了竞争机制，有效地激发了同学们的学习兴趣和竞争欲望，为同学们创设了将课内的理论知识应用到社会、为社会服务的创新空间，使学生真正动起手来学科学，动起脑来用科学。

（深圳市南山区松坪学校　李节　海燕）

让学生快乐地学习

【设计理念】

复习课是比较枯燥无味的,传统的学习方式对学生来说是一件苦差事,特别是教师从头到尾滔滔不绝地重复一遍知识,因此有不少学生到了初三就觉得学习无乐趣。如果学生在课堂上能够全身心投入,热情参与,快乐学习,那么学生往往就能达到理想的复习效果。因此我设计了一节有关"植物新陈代谢"的复习课。

【活动目标】

1. 复习植物的新陈代谢:

(1) 植物与外界之间的新陈代谢(光合作用和呼吸作用);

(2) 植物体内的新陈代谢(注意植物的蒸腾作用)。

2. 锻炼学生的表演能力和知识综合能力。

【活动准备】

1. 课前先布置学生预习将要复习的内容。

2. 找几位学生分别扮演二氧化碳、水、阳光、无机盐、有机物、氧气、植物的根、茎、叶、土壤等角色,让他们自己根据复习内容先准备好台词和道具。

【活动过程】

上课了,我笑眯眯对学生说:"今天,我们观看一场戏。"

"看戏?"学生高兴极了。

"对,同学们要认真地看,看完后还要给演员评分。"

第一幕:

一位胖男孩上台了,他的衣服上贴着一张纸,上面画着一棵树。阳光照耀着(扮演阳光的学生胸前挂着一张画着灿烂太阳的画纸),接着代表二氧化碳的女孩上来了,还拉着代表水的女孩。看到她们一来,"大树"立刻张大嘴巴作出吸收她们的样子,然后大树展开双臂,扮演氧气和有机物的学生立即站在他的身旁。

学生在下面笑起来了,齐声说:"这是光合作用。"然后有位学生还说:"在有机物里还储藏着能量。"扮演有机物的小孩赶快把衣服撑起来作能量状。然后我让学生们把光合作用的表达式写出来,并让学生注意光合作用的条件和进行的场所。

第二幕:

"树"蹲在地上,嘴张开在呼气,在他的前面出现"二氧化碳"和"水"。"树"慢慢长高了。此时,"太阳"还在悬挂着。

"这是呼吸作用!"学生们嚷起来了。然后我让一位学生到黑板上把呼吸作用的表达式写出来。这里,我提醒学生注意:树木的任何部位都能进行呼吸作用,而且不管白天黑夜都能进行。

第三幕:

在"土壤"中溶解有"水"和"无机盐",在"土壤"中长着一棵"树"。

(画外音):土壤溶液的浓度小于植物细胞液的浓度。

"树根"伸出手来拉着"水"和"无机盐",边拉还边说:"我通过根毛来吸收,吸进我的导管中。"

接着"树茎"也伸出手从根那里接过"水"和"无机盐",紧跟着"叶"也接过"水"和"无机盐"。"叶"在说:"我通过导管获得水和无机盐,我要把我的气孔张开,把水输到空气中。"

"根"很生气:"我那么辛苦把水吸过来供给你使用,你居然把它送出去,你居心何在?"

"茎"发言了:"根你别生气,没有叶的这种蒸腾作用,你根本没有动力从土壤中吸水,也没有办法把水和无机盐输送给我们。"

"叶"接着也说:"我把水以气体的形式蒸腾到空气中,在温度高的时候我通过这种形式降低我的温度,不会伤害我。这样我也可以制造更多的养料供给你们用。"

"根"不好意思地低下头。

"叶"张开双手不断地利用光合作用在制造"有机物"和释放"氧气"。"有机物"通过叶的筛管进入"茎"的筛管,再从"茎"的筛管传到"根"的筛管。

(画外音)此时,有人往土壤中施了大量的肥料。

"根"张大嘴巴拼命地想吸水分,但是吸不到水,反而原来体内的水分跑出去了。

跟着,"茎"在喊:"根你怎么了?我的水分怎么往你那里跑?"

叶也在嚷:"不对劲,我的水分也向下跑啦。"

"根""茎""叶"都很痛苦地低下头,全萎蔫了。

(画外音)这是因为土壤溶液的浓度大于植物细胞液的浓度,植物细胞失水。所以我们施肥时一定不能过量,要不然会造成"烧苗"现象。

经过30分钟表演后,全班学生评出优胜者。然后,我利用多媒体打出一张幻灯片,要学生回答:

1. 填写下表:

	场所和条件	原料	产物	作用
光合作用				
呼吸作用				
蒸腾作用				

2. 细胞液浓度>周围水溶液的浓度细胞_____。
   细胞液浓度<周围水溶液的浓度细胞_____。

3. "万物生长靠太阳"的植物学原理是:

经过检查,我发现绝大部分学生都做得很好。下课了,学生仍然余兴未尽,还在不断地谈论……

【活动评述】

　　这节复习课以表演的形式进行,学生自编自导,既锻炼学生的表演能力,又易吸引全体学生的注意力,学生对复习的内容记忆深刻,在课堂中成为学习的主人。教师在课堂中只起画龙点睛作用,没有多费口舌。其实,在教学过程中灵活运用各种方法,让学生参与教学过程,而不是做一个"听众"或"抄写员",学生学习的兴趣会大大提高,学习的效果显而易见。

(深圳市南山区荔香中学　黄淑芬)

生物的适应性和多样性

【设计理念】

探究是《科学》课程的核心概念,而科学探究又要有效地融合于科学的知识、方法、情感和精神。这要求教师通过精心设计教学策略,按照科学探究的思路来营造探究科学的课堂,有效地引导学生在探究中学习探究、理解探究,在探究中走进科学的世界。这是一个充满创造性思维的过程。为了让学生亲历这样一个过程,我设计了"将液体混合"的活动。

【活动内容】

浙教版《科学》第一册第二章第七节"生物的适应性和多样性"。

【活动目标】

1. 进一步建立生物适应环境而生存的理念。
2. 初步了解生物的多样性——"种"的多样性。
3. 理解保护生物多样性的重要意义。

【活动重点】

保护生物多样性的理由及重要意义

【活动难点】

保护生物多样性的理由

【活动准备】

多媒体课件

【活动过程】

一、复习引入

师:我们已经学习过生物的哪些分类等级?

生:界、门、纲、目、科、属、种。

师:最小的分类单位是什么?

生:种。

师:地球上现存的生物物种有多少?

生:两百多万种。

师:两百多万种生物的共有特征是哪些?

生:新陈代谢、生长、发育、遗传和变异、应激性、生殖、适应环境、影响环境等。

师:我们今天学习的内容就是生物是如何适应环境和影响环境的。

二、探索生物对环境的适应

1. 学生以讲故事、辩论的形式讨论自己所知道的某种生物是如何适应环境的。
2. 课件演示：植物对环境的适应（植物的向光性、向地性、向水性、向化性等）。
3. 课件演示：动物对环境的适应（昆虫的保护色、拟态、警戒色、冬眠、夏眠等）。
4. 师生总结：所有生存下来的生物都是适应环境的，尽管它们适应的方式不一样。
5. 概念落实：向光性、保护色、拟态等。
6. 师生讨论：人对环境的适应。

三、探索环境（包括人）对生物的影响

1. 播放一段热带雨林、非洲草原、两极地区生态的录像，借此概述生物多样性内涵。（生物多样性不仅包括物种资源的多样性，还包括生态适应性，生理生态、形态多样性等广泛的内容）。
2. 紧接着，播放一段热带雨林被人为破坏的录像。
3. 学生对此发表看法，阐述观点。
4. 教师出示一份由于人类的缘故已经或正在濒临灭绝的动物死亡档案。
5. 师生讨论：人对环境和其他生物积极和消极的影响。
6. 教师引导：生物和环境相互作用，处在一种动态的平衡之中。

四、探索保护生物的多样性的理由

师：在生物和环境的动态平衡中，生物种类的数量是变化的还是不变的呢？
生：变化的。
师：怎么变化的呢？
生：……（可能谈到种和种之间存在的生存关系）
师：那这种变化对人类的生存有无直接或间接的影响呢？
生：……（多从食物链的角度以故事、辩论的形式展开讨论）
师：生物的多样性为人类的生存提供了食物、氧气和生态平衡等多方面的基本条件。人类对其不合理的掠夺和虐杀直接导致了当今全球范围内生物种类和数量的急剧下降。长此以往的话，最终必将使得人类的生存环境遭到严重的破坏，致使人类走向衰亡。因而，保护生物的多样性其实就是保护人类自身的生存环境，保护人类自身的生存和发展。

五、探索如何保护生物的多样性

用课件播放一段我国自然保护区的录像。
师：我国珍贵的动植物资源有哪些？
生：大熊猫、金丝猴、桫椤、银杉……
师：这些珍贵的动植物资源的数量为什么急剧下降？
生：人类侵占栖息地、过度掠杀、环境污染……
师：如何保护珍贵的动植物资源？
生：建立动物园、植物园、自然保护区、禁渔禁猎……
师：这是其他生命最好的归宿吗？
生：不是，最终的目标是让它们回归自然，还给它们原本就属于它们自己的美丽的

家园。

师：那我们能为这个美好的理想做些什么呢？

生：（讨论）

六、总结升华

师生总结：建立人与自然和谐共处、可持续发展的美好世界，科学合理地调节生物种群结构和生态环境，保护生物的多样性。

【教师反思】

一、在教学内容的把握上

保护生物多样性是全球关注的重大问题，它关系到人类的生存和发展。生物多样性的涵义十分宽泛，至少涉及生态系统、物种、基因三个层面上的多样性问题，但对于7年级的学生而言，这里只涉及"种"层面上的多样性及其保护生物多样性概念，这是出于对学生目前认知能力的考虑。同样，这里没有鲜明地呈现生物多样性概念，也是基于这种考虑。

几种理念必须贯穿教学的始终：生物适应环境并影响环境，物种是多样性的，保护生物的多样性就是保护人类自己。

二、在教学策略的把握上

教无定法，贵在得法。在本节课上，根据教学的实际情况，采用课件、师生讨论、讲故事、出示档案等多种途径，使得教学生动形象，调动学生的兴趣，达到有效教学的目的。

这堂课的闪亮点在于师生互动。教学过程的交往、互动，意味着人人参与，意味着平等对话，意味着此时的课堂已不再单纯是教师"自弹自唱独角戏"的舞台，也不再是一个个学生张开口袋等待灌注的知识回收站，而是生机勃勃、气象万千的思维活动的广阔天地。师生通过心灵的对接、意见的交换、思想的碰撞、合作的探讨，每个人的经验都进行了改组和整合，每个人的知识都获得了新意义的生成与创造。

三、在学生情绪状态的把握上

这堂课，学生的情绪始终处在一种比较亢奋的状态，有的甚至高兴得敲桌子。在这样的情况下，教师不但要关注学生的情感投入、行为投入，更要密切关注学生的认知投入，适时引导学生的思维走向，关注教学目标的达成度。

（北师大深圳南山附中　陆　晖）

月 相

【设计理念】

《月相》一节原本是高中地理的教学内容,课改之后,它出现在 7 年级《科学》教材上。显然,对于初一的学生来说,学习起来是有一定困难的,最难的是发挥想像力,建立抽象的空间概念。

这个课堂设计的理念是,在新课程理念的引导下,以生动活泼的课堂组织形式推进教学的展开,借助于形象直观的教学手段深入浅出地化复杂为简单,化抽象为具体,降低学生的学习难度,缩短学生的认知过程。

【活动目标】

知道月相的成因,掌握月相变化的规律,辨认出朔、望、上弦、下弦的月相,了解月相变化与农历的关系,能通过月相推算出当天的农历。

【课前准备】

多媒体课件、月球模型。

【活动过程】

一、话说月相——创设情景,营造氛围

师:上节课,我们知道月球是地球唯一的天然卫星。自古以来,我国人民就对月亮寄予了很多的情感。对月当歌、借月抒怀的诗词歌赋比比皆是。同学们能说出其中的一些来吗?

生:……

师:"可怜九月初三夜,露似珍珠月似弓"、"无言独上西楼,月如钩"、"今宵酒醒何处,杨柳岸晓风残月"、"会挽雕弓如满月,西北望射天狼"……还有一句著名的诗句"人有悲欢离合,月有阴晴圆缺,此事古难全"。

教师引导大家分析形容月亮的词句。

师:这是诗人眼中的月亮。下面,请同学们画出你头脑中的月亮的形状。

二、画出月相——点击主题,激趣引入

学生们画出各种各样的月亮的形状。

师(引出概念):月亮的阴晴圆缺即月球的各种圆缺形态称为"月相"。

三、探索月相——围绕主题,构建新知

师:月相是如何产生的呢?

生:(小组讨论)

在学生小组讨论的基础上,教师演示展示太阳、地球、月球运动的三球仪。

结论:月球靠反射太阳光而发亮,日、地、月三者位置发生变化这两点是形成月相的原因。

师:在了解月相成因的基础上,我们来进一步探索,月相变化有什么规律呢?

学生模拟活动:用一个一半涂黑,一半是白色的排球当月球。一位同学拿着这个月球,另一个同学来当地球上的观察者。假设太阳光平行射过来(黑板上画好太阳光),现在请这两位同学来演示月球绕地球运转的情况。

当月球的同学逆时针绕地球一圈,过程中注意月球亮的一面始终要朝向太阳光,扮演地球上观察者的同学把看到的相应位置上的月相画到黑板上。

随后,其他同学用一半涂黑,一半是白色的乒乓球来进行演示,并完成下列作业:

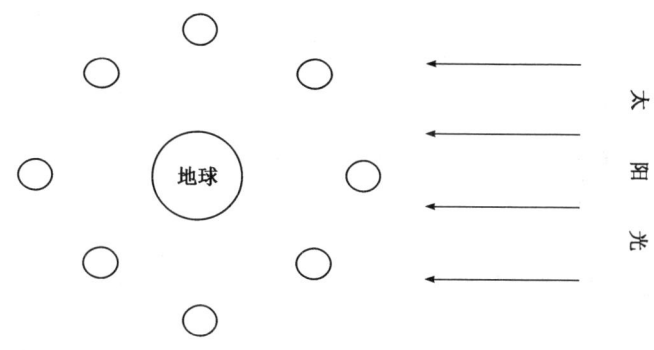

教师点评作业,用课件来总结月相变化的规律,侧重于朔、望、上弦、下弦的月相及此时日、地、月三者的位置关系。

四、利用月相——拓展主题,迁移深化

介绍我国古代利用上述月相变化的规律创造出的计时制度——农历月或朔望月,阐明农历时间与月相变化的关系以及如何利用月相的空间位置来大致判断方向和时间。

最后,教师用以下四种形式来巩固知识点,为学生提供变式练习。

1. 月亮歌

初一月亮看不见　　初二月亮一根线
初三初四像镰刀　　初七初八月半边
一天更比一天胖　　直到十五月才圆
十七十八月不全　　廿二半夜月半圆
一天更比一天瘦　　廿九三十见月难

2. 看图识月相

某记者报道了农历大年三十,某建筑工地上的工人仍然在披星戴月地工作,配了一幅插图(见图1)。请问插图与报道内容是否符合?为什么?

3. 读诗识月相

回顾并识别刚上课时呈现的诗句中的月相:"可怜九月初三夜,露似珍珠月似弓"、"无言独上楼,月如钩"、"今宵酒醒何处,杨柳岸晓风残月"、"会挽雕弓如满月,西北望射

图 1

天狼"。

4. 看天识月相

要求学生在课后独立完成连续一个月的月相观测,并记录月相的变化,自行设计记录形式。也就是本节课的课后作业。

【教师反思】

本节课的教学设计紧紧围绕学生对月相变化规律的探究过程而逐步展开。"话说月相"是作好铺垫,"画出月相"是点击主题,当核心问题"月相变化的规律是什么"提出以后,即用黑白各半的排球和乒乓球设计了一个模拟实验来进行验证。这个实验直观明了,学生不仅可以人人参与而且容易接受。在探究活动中,教师是引导者,引导学生从模拟转化到实际,以探究的过程和结果作为学生的习得性知识。教师随之用FLASH课件作总结性演示。"利用月相"谈到了月相与我国农历的关系及在日常生活中如何看月相辨方位、识时间,是对探究结果的拓展和提升。最后布置的课外作业再次证实了实际的观测就是最好的探究。

整个教学设计注重落实科学探究方法的训练,其清晰、递进的脉络层次试图引发学生积极的认知感应,搭好学生思维的脚手架,并渗透一种民族情感。

(北师大深圳南山附中 陆 晖)

控制与"失控"的平衡

——蒸发的探究

【设计理念】

充分体现"从生活到科学,从科学到社会"的教学理念

"蒸发"这节课的教学内容与日常生活联系紧密,所以在教学活动中始终将生活和自然中的一些科学现象与蒸发联系起来,让学生在丰富的体验中,进一步感受到科学就在我们身边,科学不仅有趣,而且更加有用,让科学学习走进生活,走进社会。

注重科学探究,注意多样化的教学方式有机结合

科学探究是学生学习科学的重要方式,让学生将探究式的学习与其他方式的学习有机结合,以获得最佳的学习效果。本节教学活动通过"收"与"放"的"探究蒸发与什么因素有关"、"蒸发是否吸热"两个探究活动,引导学生提出问题,培养学生善于发问、质疑的良好习惯,鼓励学生制订简单的科学探究计划,自主进行探究;培养学生处理信息的能力,体验科学探究的乐趣,领悟科学探究的思想和精神,使学生获得探究科学的能力,为学生终身学习建立基础。同时,充分利用网络资源,借助多媒体技术展示蒸发的本质,优化课堂教学,提高教学效益。

动手动脑学科学,培养学生对科学的兴趣和爱好

兴趣是开启智慧大门的钥匙,只有当学生对科学学习有了兴趣,才能有学习的动力。对于初中学生的教学,重点还在于培养他们的学习兴趣。实验是培养学生学习兴趣的重要手段,在本节课设计了多个实验,培养学生的动手能力和通过实验研究问题、思考问题的习惯,发展学生对科学探究的兴趣,动手动脑学科学。

【活动目标】

1. 知道汽化现象及汽化的两种方式;知道蒸发现象和蒸发过程中吸热及其应用。

2. 认识蒸发的现象,理解蒸发快慢的条件:蒸发快慢与液体的表面积、温度和液体表面气体的流速有关,能用来解释相关的现象;知道蒸发可以制冷。

3. 在活动中,激发学生的学习兴趣和科学的求知欲望,使学生乐于探究自然现象,观察生活中的蒸发现象,学会设计方案,观察液体的温度、液体的表面积,液体表面气流速度对蒸发快慢的影响,观察温度计的玻璃泡从酒精中取出时温度计示数的变化,乐于了解科学现象的科学道理。

4. 学会应用科学知识解决实际问题,能用科学语言准确地描述、解释有关蒸发现象,能用蒸发吸热的道理说明其在生活中的应用,认识相关的现象,进行科学表达的训练。

5．水是人类的宝贵资源,针对目前我国缺水的情况,让同学们利用蒸发原理进行节水设计,渗透可持续性发展的观念,关注生活中的科学。

【活动准备】

计算机(实物投影仪)、教学课件、烧杯、温度计、火柴、酒精灯、铁架台、石棉网、酒精、玻璃板、酒精棉球(试管)等。

【活动过程】

师：谁来在黑板上用酒精棉球和水写下"液体"两个大字?

生：(写完后观察,过一会儿"液体"两个字不见了。)

师：黑板上的"液体"到那里去了?

生：液体变成的气体到空气中去了。

师：(让同学擦玻璃上面哈一口气)你观察到玻璃上出现了什么?

生：小水珠。

师：玻璃上的这层水珠上怎么变的?

生：口里哈出的水蒸气变成的。

师：上面的小实验中,物质有哪些状态的变化?

生：液态和气态。

师：我们把物质从液态变成气态的过程叫做汽化,物质从气态变为液态的过程叫液化。

师：你能举出生活和自然界中的汽化现象实例吗?

生(争先恐后)：湿衣服晾干、水壶中的水烧开、洒在地上的水变干、洗过的头发用吹风机吹干……

师：同学们所举的例子中,你能否根据它们进行的条件再分分类吗?

生：我认为根据它们进行时的温度条件可以分为两类：温度高的水壶中的水烧开；其余的温度低也能进行。

师(赞许)：不错。我们根据汽化进行的条件把它进行分为两类：蒸发和沸腾。我们这节课来讨论蒸发。

师：我们把在任何温度下都能发生的汽化现象叫蒸发。

师：生活中有没有需要控制蒸发快慢的实例?

生：洗过的衣服需要快点干。

生：农民收获的稻谷需要快点晒干。

生：浇花的水希望它慢点干。

生：家里买的水果希望它蒸发慢点。

……

师(肯定同学们关注生活)：生活中我们有时希望蒸发加快,有时又需要减慢蒸发的脚步。那么影响蒸发快慢的因素有哪些? 我们一起来探究。

(教师从日常生活的经验出发引导学生进行猜想。)

师：要使洗过的衣服干得快采取那些措施?

生：衣服应展开放在通风有阳光的地方干得快。

师：思考一下,影响蒸发快慢的因素有哪些?

生：影响的因素可能有温度的高低,风。

生(颇有自信地)：应该为空气的流动快慢,还有液体表面积的大小。

师：同学们的仔细观察分析,准确地判断和猜测出了影响蒸发快慢的因素。针对这些因素,请同学们四人一组,利用已有的器材设计探究的方案。

(同学们急于动手实验)

师：设计好方案才能杜绝探究的盲目性,少走弯路。磨刀不误砍柴工!

(同学们开始七嘴八舌地讨论方案。三五分钟后,交流方案。)

生1：我们组准备将水滴在玻璃板和试管内,这是由于玻璃板放在酒精灯上加热容易爆掉,我们把试管放在酒精灯上加热,观察哪个里面的水干得快。

师：你们组能注意到避免损坏器具,很好!首先,我想知道你们研究的是什么量。

生1：我们研究的是温度。

师：他们研究温度对液体蒸发快慢的影响,同学们看看他们的方案有没有需要改进的地方?

生2：他们把水一个滴在玻璃板上,一个滴在试管内,我认为不公平,应该把水都滴在试管内。

生3：我认为他们还应该注意两个试管内滴的水要一样多。

生4：我们组研究温度时,打算滴一滴水就会很快看到结果。

师：同学们非常敏锐地发现了他们的不完善之处,而且还注意到了节约时间,其实还能节约水和燃料等资源,这是我们每次实验都不要忽视的。

(同学们报以热烈的掌声,那几位同学的脸上流露出了自信的微笑。)

师：我们大家在研究一个量如温度时,注意尽量把其他的量都控制一样,这样就能体现大家所说的公平性。这种研究方法叫做控制变量法。同学们在研究温度这个量的影响时,设计温度高和低的两个对照实验中,应该把除温度以外的其他影响因素如水滴的大小和多少,实验的器材,液体表面空气流动的速度即有无风及风的大小都要控制住。

生5：我们研究液体表面积的大小对液体蒸发快慢的影响,打算在玻璃板的两边分别滴水,把其中一滴吹开,增大表面积,然后观察哪滴水干得快。

师：他们用了吹的动作,非常好!有没有同学能说说它好在哪里?

生2：这样能保证滴的水一样多。若把它滴成面积大小不一样,有可能滴的水的多少也会不一样。

师(赞赏)：很好,分析得非常透彻而又准确。

生6：我们打算各滴一滴水在两块玻璃板上,用书对其中一滴不停扇风。

师：同学们都开动脑筋设计方案,这是成功的开始,真正的成功还需要在实施过程中不断地实践,不断地尝试,不断地改进。

(教师对同学们使用酒精灯和试管的方法进行检验效正和传授。同学们纷纷动手实验,有索要烧杯或吸水纸的,实验方法手段五花八门。一些同学用试管在酒精灯上加热时,把水烧开了、沸腾了。同学们也沸腾了,老师及时给"失控"的同学以指导。)

师：同学们的实验收获如何？

（同学们非常高兴。）

生1：我们借助自己动手设计实验,发现了液体蒸发快慢与液体温度的高低、液体表面积、液体表面的空气流动有关。液体温度越高,蒸发越快；液体面积越大,蒸发越快；空气流动越快,蒸发越快。

生2：我们用酒精做的实验,发现比水蒸发更快。

生3：我们用试管加热时把水煮开了,知道了这时不单是蒸发,还有沸腾。我们就改进了实验,在两张吸水纸上各滴一滴水,其中一张加热,很快就看到了结果。

师：同学们各自都有不尽相同的收获和体会,以及探究过程的看法、想法,不妨把它写出来,提交到校园网上的问题化学习平台上"物态变化的探究学习"专题中供大家分享。

师：夏天人出汗后,电风扇吹一下就凉快多了——这道理何在？是电风扇把空气吹凉了？还是其他什么原因？我们来做个小实验。

（镜头一：同学们使劲用书扇温度计,发现温度计上的刻度纹丝不动。同学们瞪大了好奇的眼。）

师：感冒发烧时,除了打针吃药还不降温,还有其他的降温方法吗？

生：冷水敷。

生：搽酒精。

师：冷水敷、搽酒精为什么能降温呢？大家一起来探究探究。

（镜头二：同学们用蘸有酒精的棉花球,在手背上擦一下,感受。同学们使用温度计读数,从酒精中浸泡取出后观察,发现温度计上的刻度迅速下降。同学们瞪大了惊奇的眼。）

师：同学们发现了什么？

生：酒精可以降温。

师：酒精是怎么降温的呢？

生：酒精蒸发,吸走了温度。

师（笑）：温度可吸不走,吸走的是热量。液体蒸发需要吸热。

（演示网上下载的液体蒸发时的微观模拟动画加以说明。）

师：（回归生活）大家讨论：

① 为什么装入保鲜袋中放进冰箱的蔬菜容易保鲜？

② 我们对农作物、花卉浇水时采用喷灌还是滴灌更能节水？为什么？

③ 天热时,狗为什么伸长舌头？

师：同学们今天在积极地"提出问题——建立猜想或假设——设计实验——进行实验——分析和论证——评估与交流"中,体验了探究过程,实践了控制变量的研究方法。科学需要同学们不断去探究,去发现。大家不妨运用我们所学习的"蒸发"的有关知识,去关注我们的生活,关注我们周围的社会,把你的发现写下来,把你的创新火花记下来,供大家分享。别忘了提交到校园网上的问题化学习平台上"物态变化的探究学习"专题中。

【活动评述】

　　本教学设计通过"控制"与"失控"的调节,在学生进行自主科学探究、主动学习、培养创新思维方面进行了积极的尝试。组织学生的积极活动,才能促进学生的智力发展,促进学生思维和语言的发展。学生通过实践去证明和推翻一个解释,知识就不是消极地掌握,而是去获取,借助积极的努力去获取,在体验中学习,开发和利用人的创造潜能。适度的"收"与"放",使同学们在不断的探索中,不断提出新的探究实验方案,不断完善方案,使学生的探究活动与思维不至于固化,创造才能得到极大的发展。在适度的"控制"中,让学生的技能得到了锻炼和培养。同时,让同学们体验生活中的科学,让科学学习回归生活,动手动脑学科学,使同学们始终保持旺盛的求知欲望。

(深圳南山实验学校　成思红)

创建自主课堂环境,在体验中进步

【设计理念】

现代教育心理学研究表明,学习效果取决于学生学习的主动性。因此本教学活动设计理念就是改变传统的过于注重知识传授的教学模式,创设能使学生主动参与的学习情境,在一个个真实的问题背景中,激发学生的学习兴趣和求知欲。同时在竞争与合作中让学生在主动获取知识的同时,体验知识的形成与发展过程,领略自主探究,体验获取知识的快乐,使学生真正成为学习的主体。

【活动目标】

1. 激趣引疑,激发学生的学习兴趣,启动学生的探究欲望,发展学生的思维能力。
2. 让学生通过自主探究,掌握实验室制取二氧化碳的反应原理、实验装置、收集方法、检验和验满方法。
3. 通过活动,初步学会合作学习,提高表达、交流、评价能力。
4. 通过活动,培养学生的竞争意识和团队精神。

【活动准备】

1. 把全班分为男、女两个竞赛小组。
2. 学生每组4人,事先备好有关的实验仪器。药品有大理石(碳酸钙)、碳酸钠溶液、稀盐酸溶液、稀硫酸溶液。

【活动过程】

师:同学们,今天的课我们要进行一场男女擂台赛。这次比赛不仅考察大家的记忆力、观察力,更重要的是考察大家的思维能力和创造力,只有真正有实力的队伍才能在今天的比赛中获胜。希望同学们努力展现自己的实力,证实自己的优秀!你们有信心吗?

生:有!(学生热情高涨,跃跃欲试。)

第一环节 竞争中体验学习的快乐

师:好!我们先来个小小的热身赛:

一、比记忆力:

1. 写出实验室制取氧气、氢气的反应原理,注明反应物的状态。

规则:每位同学都将答案写在纸上,最后由对方挑选一名代表,他的答案将决定集体的胜负。(设计目的:充分调动每位同学的积极性,尤其是成绩较差的学生的积极性。）

学生摩拳擦掌，注意力集中在书写化学方程式上，快速完成了题目。男女生都挑选了对方的参赛选手展示答案，此局男生获胜，男生领先1：0。

（男生欢呼，女生急切盼望第二局比赛开始。）

2. 氧气、氢气的收集方法。（分析原因）

规则：抢答：先抢到的如答对，加一分；答错，减一分，对方加一分。

男生性子急，没有想清楚就站起来抢答，减掉一分，女生加一分，比分为0：1。

二、比动手能力：

师：男生要加油哟！这局比赛要求用桌上提供的仪器，男女生各派两名代表组装实验室制取氧气、氢气的装置，动作迅速、组装正确的组加2分。能说出理由的再加一分。（每组经过慎重挑选，都派出了最有实力的队员。经过一番较量，男生虽然组装仪器的速度快，但意思表达不清楚，为他们加2分；女生速度虽然慢了点，但语言简练，意思表达非常准确，加1分。对方战成2：2。）

三、比归纳能力：说一说：

1. 气体的收集方法以及适用的气体。（1分）
2. 决定气体发生装置的因素。（1分）
3. 实验室制取气体的思路。（2分）

（男女生比分为4：4。）

第二环节　自主探究，合作交流

师：（欣慰地笑了）大家总结得非常好！今天我们就按照实验室制取气体的思路一起来探讨二氧化碳的实验室制法。首先，我们一起探讨反应原理。

师：用哪些方法可以得到二氧化碳？方法多的组加1分。

生：学生讨论提出自己的想法。（略）（女生获胜，比分为4：5。）

师：这些方法是否都比较简单地得到纯净的二氧化碳呢？

生：不能。

师：请一位同学向大家介绍你所做过的两个家庭小实验：① 纯碱跟醋酸反应；② 鸡蛋壳跟盐酸反应。你在实验中看到哪些现象，得出什么结论？

生：① 纯碱跟醋酸反应，产生二氧化碳气体。它使点燃的蜡烛火焰熄灭。

② 鸡蛋壳跟盐酸反应，产生的气体使澄清石灰水浑浊，说明生成的气体是二氧化碳。鸡蛋壳的主要成分是碳酸盐。

师：纯碱（碳酸钠）、大理石、鸡蛋壳（主要成分是石灰石）都是碳酸盐。盐酸、醋酸都是酸。碳酸盐跟酸反应会生成碳酸，碳酸不稳定，容易分解，生成二氧化碳。这就是实验室制取二氧化碳的反应原理。

[讨论]是不是任何碳酸盐和任何酸都能作实验室制取二氧化碳的药品？

[设问]实验室制取二氧化碳时，能不能把碳酸钙换成碳酸钠，能不能用硫酸代替盐酸？这是上一节课布置给同学们思考的问题。现在请大家动手做实验，通过观察实验现象来分析解决这个问题。

学生实验：取两支试管，放入大理石各一块，分别加入盐酸和硫酸适量。观察现象,找出异同,并选择。

学生分析总结:相同的是都有气泡产生。不同的是,加硫酸的试管很快没有了气泡。所以应该用碳酸钙与盐酸反应。

师:我们每个实验桌上两瓶盐酸,一瓶稀盐酸,一瓶是浓盐酸。大理石也有两种形状,一瓶是块状,一瓶是粉末状。那到底选什么呢?注意,在实验室中制取并收集到的气体(1)纯净,没有杂质;(2)反应的速度要适中(考虑到实际的操作问题)。下面我们就用事实来说话吧。

生:[探索实验1]

(1)打开浓盐酸的瓶盖,用玻璃棒蘸取少量浓盐酸,观察现象。

(2)取两支试管,放入稀盐酸适量,分别加入粉末状大理石和块状大理石,观察现象。

(3)取1支试管,放入稀盐酸适量,分别加入粉末状的碳酸钠,观察现象,作出选择,并说明理由。

生:(讨论归纳)浓盐酸会产生大量的白雾,不知是为什么。加入稀盐酸后,三支试管中物质都会反应,但粉末状碳酸钠和碳酸钙的反应特别快,一会儿就没有气体产生了。块状大理石的那支试管反应速度适中,能持续一段时间。

师:氯化氢是一种极易溶于水的气体,而盐酸是氯化氢的水溶液。当浓度比较大时,氯化氢从中挥发出来与空气中的水蒸气结合,形成盐酸小液滴。因此,我们打开瓶盖就会看到白雾。那么我们应该选用哪种浓度的盐酸呢?

生:用稀盐酸。因为如果用浓盐酸的话,得到的气体中就会混有氯化氢气体。同时,为了收集的方便,我们应该选用块状的大理石。

师:从上述实验可知,用硫酸代替盐酸跟石灰石反应,虽能产生二氧化碳,但是生成的硫酸钙微溶于水。它会覆盖在块状石灰石表面,阻止碳酸钙跟硫酸接触。而碳酸钠跟盐酸反应太快,生成的二氧化碳不容易收集。因此,实验室里通常是用石灰石跟稀盐酸反应来制取二氧化碳的。从上述分析可以看出,研究制取气体的反应原理时,不仅要看该反应能不能发生,还要考虑到所选择的药品能不能顺利地制取气体。在家庭小实验中,同学们已经了解醋酸也能跟碳酸钙反应,产生二氧化碳。但是醋酸是弱酸,反应较慢,实验室也不采用。可见对具体问题要作具体分析,灵活掌握。今天实验的原料已经选好,但在实验室中得到气体还必须选用一定的发生装置和收集装置。同学们回忆我们所学的发生和收集装置,并根据二氧化碳的要求,作出选择。

生:我们已经学过两种气体发生装置:1.固—液加热装置;2.固—液不加热装置。由于药品中大理石是固体,稀盐酸是液体,且反应需要加热,所以我们选择固—液加热装置。

生:二氧化碳能溶于水,密度比空气大,所以只能用向上排空气法收集。

师:同学们说得很好,现在就可以来制取二氧化碳了。大家根据刚刚分析得到的二氧化碳发生装置和收集装置的要求,选用你觉得符合要求的仪器,连接成一套完整的装置,自行检验,再进行交流,最后总结异同。现在大家可以开始实验。

[探索实验2]:根据不同的想法用不同的仪器组装气体发生装置。

(说明:这是本节课的高潮,在选择的过程中,有意引导学生要有创新精神,多角度进行思考,以及答案的不唯一性。让学生学会迁移和联想。)

[学生结果展示]选择成功的组装(图略),由同学自己解说。

师:我们都能成功地得到二氧化碳了。但到现在交流结束,大家观察自己用过的装置,你们发现了什么?有什么想法?

生:(讨论)

组1:还在冒气泡,反应还在继续进行。

组2:白白浪费了药品。

组3:能不能控制反应的发生呢?

师:同学们观察得非常仔细!表现的非常棒!那怎样控制反应的发生呢?

生:(讨论)

生甲:我们少加一点药品。

生乙:这样好像不行,可能会导致气体还不够时药品就没有了。

生丙:是不是可以从装置上想办法,控制药品的接触和不接触就可以了。因为如果要发生反应,药品要接触。如果不接触,反应自然会停止。如同我们前面学过的启普发生器。

……

师:现在我们要进行决胜局比赛,希望大家能把握最后一次机会,赢得胜利!胜者加1分。

[探索实验3]改进已有的发生装置,使其达到与启普发生器一样的效果。

师:展示一个简易的启普发生器(男生连接,如图):能说说你们的设计思路吗?

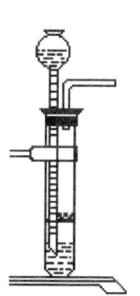

男生:当打开橡皮管上的弹簧夹,稀盐酸从长颈漏斗流下,浸没大理石,大理石与稀盐酸发生反应,二氧化碳从试管上部的导管导出。如果将弹簧夹夹紧橡皮管,试管内的压强增大,稀盐酸被压回长颈漏斗,这时液面下降,大理石与稀盐酸脱离接触,反应自行停止。

师:非常好。我宣布,男女生比分5∶5平,祝贺大家!你们都是今天的胜利者,老师为你们而骄傲!

第三环节　学无止境

经过一节课紧张激烈的竞赛,大家情绪仍十分高涨,不甘心打成平手,但马上就要下课了,于是老师借机布置了今天的作业。

师：今天大家的表现都非常不错，我们在相互竞争中提高了自己，学习了二氧化碳的实验室制法，这节课在《科学》中占有非常重要的地位。但我发现大家都不服气，所以今天课后我们将比赛继续延伸。

作业：请你利用生活中的材料设计一套制二氧化碳的发生装置。要求美观、实用，能控制反应的发生。质量高的为最后的胜者！

下课铃响了，同学们仍在热烈讨论着课上的话题，学习还在继续……

【活动评述】

整个过程始终以学生为主体，学生的学习是积极的，兴趣是盎然的，较好地体现了新课程"让学生在体验知识的形成、发展过程中，主动获取知识"的理念。恰如美国著名教育家杜威所言："当学生全力以赴地探讨需要解决的疑难时，他会像真正的科学家那样肯于动脑筋和费心血。"一旦学生从这种模式的教学中获益时，科学课堂便生机勃勃，美不胜收。

本教学活动设计较好地完成了三个教学目标：知识目标、能力目标、情感目标。

1. 知识目标方面：本节课采用连环提问、步步深入的方式引导学生，使学生在强烈求知欲的驱使下主动探究，掌握了二氧化碳的实验室制法。

2. 能力目标方面：课堂注重培养学生的探究意识，启发学生思考，每个问题都精心设置，使学生在巩固旧知识的同时自然地进入新课程的学习。在竞赛中充分锻炼了学生的观察能力、思维能力、创新能力，培养了竞争意识和团队精神。

3. 情感目标方面：本节课充分调动了学生学习的积极性，课堂气氛宽松、民主，在师生、生生之间的交流互动中体验到与人合作的乐趣，构建了一种新型的学习模式。

（深圳市南山区荔香中学　谭玉蓉）

强化主体意识,落实主体地位

【设计理念】

本教学活动设计力图通过学生的探索性实验,引导学生在课堂上做一做,想一想,议一议,说一说,诱导学生在活动中自主探究、合作交流,培养学生的创新精神和实践能力,体现学生的主体性学习。① 探究改变物体内能的方法和途径。② 能描述克服摩擦做功与物体内能改变的关系,知道做功和热传递是改变物体内能的两种途径。

【活动准备】

1. 器材:酒精灯、支架、石棉网、烧杯、水、冰块、钢锯条、木块、粗铁丝、砂纸等。

2. 气体压缩引火仪、药棉、摩擦膨胀器、绳子、锥形瓶、软胶管、打气筒、酒精、乙醚、热水袋等。

3. 多媒体课件。

【活动过程】

一、情境激疑

教师启发引导学生回忆归纳上一节课学习的内容,回答老师提出的问题。

(1) 什么是物体的内能?

(2) 物体的内能与什么有关?什么现象能说明物体的内能发生了改变?一个物体的温度升高了,它的内能是否改变?怎样变?为什么?

(3) 生活中通过哪些具体的方法,可以使物体的内能发生变化?

二、实验探究

1. 做一做,想一想:学生利用桌面上的实验器材,分组实验探究改变物体内能的方法。

2. 议一议,说一说:学生分组实验完成后,小组内成员相互交谈、议论、归纳,向大家汇报说明。看哪个小组的方法最多。

学生回答的方法很多,如:钢锯条锯木块,钢锯条发热;砂纸擦钢锯条,钢锯条发热;不断折弯粗铁丝,折弯处发热;钢锯条放在酒精灯上烧,钢锯条发热;粗铁丝放在酒精灯上烧,粗铁丝发热;水放在酒精灯上加热……

三、归纳研究

1. 分析概括:根据学生回答的改变物体内能的方法,如钢锯条锯木块,钢锯条发热,砂纸擦钢锯条,钢锯条发热,不断折弯粗铁丝,折弯处发热等现象,教师引导学生依循"什么证据表明物体的内能改变了——你用什么方法使它改变——怎样改变"的思路,引导学生去发现这些方法中的相同点和不同点,然后由学生分类区分、概括总结,得出结论。

2. 形成结论:改变物体内能的方法:

A. 做功可以改变物体的内能： $\begin{cases}对物体做功——物体的内能增加；\\物体对外做功——物体的内能减少。\end{cases}$

B. 热传递（传热）改变物体的内能： $\begin{cases}物体吸收热量——物体的内能增加；\\物体放出热量——物体的内能减少。\end{cases}$

3. 深入研究：教师在引导学生初步总结出改变物体内能的方法后，指导学生深入研究做功改变物体内能的实质和热传递（传热）改变物体内能的实质。

做功可以改变物体的内能，实质是内能和机械能（或其他形式能）之间的相互转化。

热传递（传热）改变物体的内能，实质是内能发生了转移，内能从高温物体（部分）转移到低温物体（部分）。

四、迁移运用

1. 想一想：生活中哪些方面是利用热传递来改变物体内能的？

学生回答，老师指导补充。

2. 课件展示：小朋友滑滑梯，烫到屁股；古人钻木取火；搓手时手变热……

教师提问：这些又是通过什么方法来改变物体的内能？

学生解释，老师总结。

克服摩擦做功——（屁股）内能增大——温度升高——烫（摩擦生热）

学生列举自己熟悉的或听说过的生活实例来加深对改变物体内能的方法的理解和认识。然后老师再通过演示实验来帮助学生加强理解。

3. 探索性演示实验A：压缩空气引火实验

学生观察演示实验后深入思考，相互交流讨论，解释实验现象。老师根据学生的解释补充指导，启发学生认识到：

压缩空气——对内（空气）做功——（空气）内能增大——温度升高——药棉燃烧

4. 探索性演示实验B：气体对外做功实验

老师完成演示实验，同时提醒学生仔细观察并记录实验现象。

实验现象：瓶塞跳起，瓶内及瓶口出现白雾。

学生在实验现象的基础上，积极思考，更深入地分析原因。

原因：向瓶内充气——瓶内气压增大——推动橡皮塞（对外）做功——瓶内气体内能减小——温度降低——水蒸气液化形成白雾。

五、解决问题

1. 课件展示：美丽的雪山。

提出问题：山顶的积雪是怎样形成的呢？

学生利用今天学习的知识解释山顶的积雪的成因，以达到学以致用。

（山顶的积雪的成因：气团做功所致。）

2. 用打气筒打气时，过了一会儿筒壁就热起来了，这是什么原因？

【活动评述】

本活动设计以探索性实验贯穿始终，整个教学活动在教师的诱导下，让学生亲自通过情境激疑→实验探究→深入研究→迁移运用→解决问题的科学探究过程去探索研究，归纳总结出科学规律，促进学生细观察、勤思考、巧总结、善表达，真正落实"以学生为主体"这一现代教育思想。

（深圳市南山区荔香中学　陈英华）

水 的 密 度

【设计理念】

1. 教学中通过科学探究的学习方式,让学生体验科学探究活动的过程和方法,发展初步的科学探究能力。

2. 加深学生对科学、技术与社会关系的理解。

【活动目标】

[过程、方法与能力] 在学生自主探究的过程中,使学生领悟科学探究的思想,除了继续注意提高学生的观察、实验能力外,在讲述概念和规律的过程中,更注意培养学生初步的分析、概括能力,发展学生的思维能力,增进对科学探究方法和过程的理解。

[科学知识与技能] 教学的重点是密度概念的建立过程、密度物理意义的理解和学生创新意识的培养。

教学的难点是让学生知道必须在体积相同的条件下才能用质量来区别不同物质,以及密度概念的获得。

通过这一知识的教学,不仅要让学生学到知识,而且应让学生获得一些研究问题的方法。

[科学态度、情感与价值观] 培养学生对自然现象的强烈的好奇心和求知欲,初步养成学生合作精神、协作能力和实事求是的作风,善于与人交流,懂得尊重他人的劳动成果。

【活动准备】

一杯酱油、一杯醋、一块铜、一块铝、一杯水(500 ml)、一杯酒精(700 ml)、天平6台、150 ml量筒6个、150 ml烧杯6个、视频资料

【活动过程】

一、创设情景提出问题

1. 教师拿出一杯酱油、一杯醋、一块铜、一块铝,让学生鉴别并获得成功体验后,引导学生小结:利用物质的特性可以鉴别物质。2. 播放新闻故事片断:骗子利用假金元宝进行诈骗。引发学生思考:颜色和气味类似的物体如何进行鉴别呢?

二、尝试猜想与假设

猜想一:可以用质量或体积来鉴别。

试一试:教师出示装在相同烧杯里并用薄透明塑料纸封住口的两杯液体,问:哪一杯是水、哪一杯是酒精?(装入杯中酒精的质量可大些)

想一想：质量大的一定是水吗？体积大的呢？

结果：质量大的未必是水（体积大的未必是酒精），可见单凭质量（或体积）来鉴别物质是不行的。

再想一想：该怎样利用体积和质量来鉴别物质呢？同种物质量和体积之间是否有一定关系呢？

三、制定探究计划

组织学生分组讨论得出：应取不同的物质作研究对象，并选天平和量筒等工具测它们的质量和体积，然后在比较单位体积的质量看一看是否会有什么发现。

（这个过程是训练学生思维的重要环节，一定要放慢节奏让学生有充分的讨论时间。如果部分学生有困难，教师可利用速度知识进行类比。）

四、进行实验与收集数据

将学生分成六组，三组测不同体积水的质量，三组测不同体积酒精的质量。由于初二学生的知识能力有限，教师可事先设计表格进行引导。另外，为缩短教学时间，保证教学质量，可引导学生分组同步实验，分工协作。具体表格及实验步骤见浙教版《科学》第三册。

五、交流与合作

引导学生通过讨论总结出：相同物质质量与体积的比值相近或相同，不同物质的质量与体积的比值是不同的。可见质量与体积的比值反映了物质的一种特性。（这一点一定要引导学生自行总结出来，教师不要急于告诉学生结论，要尊重学生的首创精神。）

对于密度的概念、公式、物理意义、单位等可引导学生自学课本总结出来。

（注意比值定义法的落实）

对于密度表的教学一定要引导学生认真阅读、仔细体会。

（读密度表时，应指导学生明白物质密度的意义，知道密度是物质的特性之一，了解固体、液体、气体密度的差别，记住铁、水、水银的密度值，能将密度表中物质的密度值改成克/厘米^3。）

讨论：

1. 怎样鉴别出"假金元宝"？
2. 橡皮泥切去一半后，体积、质量怎样变？它的密度如何变呢？
3. 读课本中的水表，计算表中所示的水的质量。

以上内容用1.5课时。

【活动评述】

《水的密度》是浙教版《科学》第三册中第一章"生活中的水"里的第三节，其内容属于"物质科学领域"里的主题"常见的物质"。

浙教版《科学》中"水的密度"一节是这样安排的：首先从家庭用水这个生活中常见的问题入手引入课题，再通过测量水的体积和质量建立密度的概念，最后通过读密度表和简单的计算加深对物质这种特性的理解。

教材课题是通过读水表、收水费引入的，这样的引入出现了两个问题，一是读水表学生以前不会，在这个问题上会花去一定的精力，学生提前兴奋，影响后面教学内容的学习效果；二是深圳市的水费是按体积计费的，这使得由体积转为质量这个过程失去了生活意义。

我对课题的讲授作了如下处理，首先从物质的气味和颜色特征来鉴别不同物质的原有经验出发，分析是否还有其他特征来区别不同物质，同时设置生活情景引导学生提出问题：(1)仅用质量(或体积)可以区分不同物质吗？(2)怎样用质量和体积一起来区分不同物质呢？(3)物质的质量和体积之间有什么关系呢？然后通过猜想假设、制订计划、实验验证等科学探究的方式获得密度概念，并通过利用所学知识解决生活中的一些问题，加深学生对密度概念的理解。

采用这种模式的依据：(1)符合学生的认知特点，有利于激发学生的学习兴趣和欲望。(2)有利于培养学生的创新意识。因为在探究的过程中学生是知识的发现者，他们通过亲身体验获得知识和技能效果更好。(3)在学习的全过程渗透"STS"教育，使学生真真切切地感受到科学知识对社会生活的重要意义。

在本节的教学中，教师每提出一个问题，都尽可能引导学生讨论，在学生的小组讨论和思考中归纳出解决问题的正确方法，这样能使学生始终处于主动积极的状态，并使学生有独立思考和活动的余地，有利于学生掌握知识和领会研究问题的方法。

对于孩子们来说，学习过程技巧比学习科学本身重要得多，学习做科学比学习科学本身重要得多。在这个过程中，教师只是一个引导者、协助者，甚至可充当学生的实验伙伴。

(深圳市南山实验学校　胡余斌)

我们的观察正确吗

——探究物质固态与气态的相互变化

【设计理念】

现代自然科学就是在实验证明的基础上发展起来的。每一个概念都精确地描述了一种现象或规律,而不是科学家为了"好玩"而提出的。在科学课堂教学中,我们能否把建立一些重要概念的"机会"还给学生,从而让他们从内心觉得艰深的科学其实就在自己的手中?

【活动目标】

1. 让学生通过自主探究,知道升华和凝华的概念。
2. 能用升华和凝华解释生活中的一些现象。
3. 能用物质三态知识,解释水的常见状态变化。

【活动准备】

1. 把全班分为六个小组,分别命名为云、雨、雾、露、霜、雪。
2. 所需材料:酒精灯、滴管、水、碘升华装置。

【活动过程】

一、复习旧知

(以大家熟悉的水为例),我们前面研究了水的三态变化,请同学们回忆一下冰、水、水蒸气之间是如何依次转变的?

学生回答: 冰 ⇌(熔化/凝固) 水 ⇌(汽化/液化) 水蒸气

二、引起认知冲突

这些结论是我们以水、石蜡、海波以及生活中其他一些物质变化为例总结出的。科学结论应该由更多的实验来检验,下面我们每个小组再做一个实验来验证它。我们都知道碘酒,但见过纯净的碘吗?(没有)请看桌面,在一个小的密封玻璃体内有少量固态的碘,请各小组派一个同学加热,其他同学仔细观察实验现象,特别注意碘的状态变化。

学生汇报:固体碘一加热就变成紫红色的气体,充满整个容器。

你们的观察有没有错误？要知道固体被加热后应该先熔化成液体，再汽化成气体。怎么可能从固态的碘晶体直接变成碘蒸气呢？肯定有问题！请各小组换一个同学加热，这一次一定要仔细观察。同时变成气体后熄灭酒精灯，用吸管在玻璃体上冲凉水，看气体又有什么变化。

学生汇报：固体碘加热后变成紫红色的气体，气体遇冷变成固体。

全班确认：实验结果正确无误。

三、构建新知

实验证明，有些固体物质在吸收外界热量后，会从固体直接变成气体；有的气体在放出热量后，会从气态直接变成固态。这是自然界存在的客观事实。为了统一研究这两类现象，科学家引入了两个概念——升华和凝华。请同学们自己试着给升华和凝华下定义，再与课本对照。

有了这两个概念，今后我们描述这两类现象就简洁多了。如从固态的碘晶体受热后直接变成碘蒸气，就说成：碘晶体升华（成碘蒸气）；碘蒸气遇冷后又直接变成了碘晶体，就说成：碘蒸气凝华（成碘晶体）。可见，科学概念能将我们日常生活中一些复杂的事物或现象归类，并且变得简洁、明了。

四、应用新知

1. 寻找升华和凝华现象

师生共同讨论举例，如闻到巧克力的味道、放了几个月的樟脑丸不见了……

2. 分析升华和凝华特点：

物质在升华时要吸收外界热量，在凝华时要放出热量给外界物质。

3. 生产生活中的应用

以干冰为例，讨论它的应用。

五、新知应用

现在我们将所学的物质状态变化的知识进行综合应用，看能否把握各自的特点。我们都见过云、雨、雪、雾、露、霜等自然现象，其实他们都是地球上的水发生物态变化形成的。请六个组的同学重点讨论自己组名字所代表现象的本质并准备发言，再讨论其他现象准备补充发言。

学生讨论，各组发言，互相补充。

六、新知细化

刚才这些现象，其实就是物质三态的相互转化。有的同学说看起来非常复杂，也难于记忆，有没有好的办法加工整理它们呢？

学生讨论归纳记忆的办法，教师逐步引导，得出了以下两种方案：

1. 三角形（略）　　2. 直线形

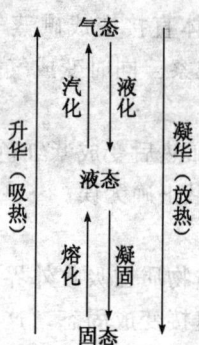

这两种方案你选哪种呢？为什么？

老师推荐直线形，因为从下面的固态到上面的液态、气态，就像爬坡一样费力——要吸热，从上面的气态到下面的固态，就像下坡一样省力——放热。这样不是很方便记忆吗？

【活动评述】

新课程的科学课堂，容易受到两种看法的影响：一种是有了探究的形式，被人说成是表面热闹，知识不落实；另一种是没有适当的方式，又被人说成是这不跟不课改一样吗？在设计这一教学内容时，考虑到学生的特点和内容的基础性，决定让学生亲历概念的建立过程，增加学生的科学体验。同时进行学法指导，以学生为主体，引导学生从感性认识到理性认识，从纷繁的生产生活中找出事物的本质。最后探讨知识加工的策略，使学习者在前面量的学习的基础上达到质的飞跃。

（北师大深圳南山附中　胡晓冬）

寻找问题背后的答案

【设计理念】

本教学活动设计力求符合学生的心理特点,注意从学生熟悉的事物出发,设计学生喜爱的课堂探究活动,并在活动中放手让学生从问题着手,使其从问题的提出、假设、验证、分析、解决的过程中对科学探究产生直接的体验,从而把探究的基本思路纳入自己的认知结构。

【活动准备】

黑匣子,把学生分成 4 人/组,每组有镜子、手电筒和白纸。

【活动目标】

1. 知识与技能:使学生理解和掌握科学探究的基本过程。
2. 过程与方法:培养学生的问题意识、求证能力和分析推理思维。
3. 情感、态度、价值观:激励学生爱科学、学科学、用科学。

【活动过程】

整节课堂教学的策略设计为:

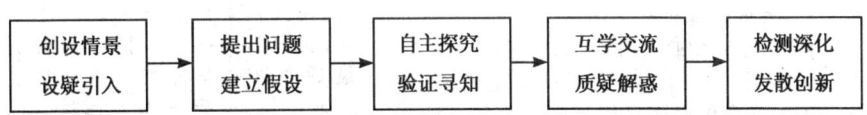

根据这样的策略设计的教学程序为:

教学程序设计				
	教学活动	学生活动	设计意图	时间
创设情景、设疑引入	教师拿出一面镜子,提出问题:每天早起时我们都会照镜子,那究竟能不能看到镜子呢?(用幻灯片打出) 这时请同学们思考1分钟后做出猜想,可能有些同学说看得见,也可能有些同学会说看不见。教师并不急着下结论,发给每组一面镜子,请同学们亲自实践。为什么会看不见呢?这个时候可以由回答正确的同学说理由。最后老师总结:一面光洁的极好的镜子是看不见的。能够看得见的只是镜框、玻璃的边缘,还有镜子里反映的物体,但是镜子本身,只要它没有污点,是看不见的。一切有反射作用的表面本身都是看不见的(除漫反射的表面)。	同学们进行猜想,尽管同学们每天都在看镜子,却还是会回答得不正确。	爱因斯坦说:"兴趣是最好的老师",学生的学习情绪直接影响学习效果。 从学生熟悉的生活物品——镜子出发,激发学生的兴趣和动机。 从这个活动中引出科学探究的主题:寻找问题背后的答案。	5分钟
问题的提出	在此基础上,进一步引申,提出深一层的问题:"在一间黑屋子里,用手电筒照射一面镜子和一张白纸。你想,是镜子亮还是白纸亮?"	思考老师提出的问题	进一步引申,提出深一层的问题,引导学生跟着老师的思路进行探究。	2分钟
建立假设	大多数的同学也许立即回答"是镜子亮",可能有少数有不同的观点,这时老师分别让两种观点的学生分别说明理由。 让学生根据自己已有的科学知识进行猜想,并思考如何来验证自己的猜想。	猜想	发展提出猜想和形成假设的能力。	3分钟
自主探究、验证寻知	请同学们不要忙着下结论,我们怎么来验证呢?请同学们按小组讨论后制定计划,并动手开始实验,寻找、求证问题的答案并互相交流。 在探究的过程中,老师参与并进行指导,关注学生存在的困难和问题。 用图片展示实验的结果:镜子看起来成了黑的。如果在同样条件下,白纸反而比镜子亮一些。原来,光滑的镜面只能规则地反射光线,一束光线遇到镜面以后,虽然改变了前进的方向,但是它们在新的运动方向上仍然是整齐前进的。如果眼睛不在这个方向上,镜子的反射光就一点也不会进入你的眼里,所以镜面看上去是黑的。只有把镜面转到某一个角度,使它反射的光正好进入眼睛的时候,才能看到耀眼的光芒。	学生分组讨论后制定计划证明假设,并互相讨论交流,最后汇报结果。	引导学生愿意与他人交流想法,并用已有的器材进行探究活动,在活动发现科学探究的乐趣,对科学充满好奇和热情,充分发挥学生的主动性。	20分钟
目标的实现	反思寻找答案的过程,让学生自己总结出在刚才的探究活动中,经历了哪几个阶段? 最后概括出科学探究的基本过程是"提出问题——建立假设——制定计划——获取事实和证据——检验和评价——合作与交流",强调科学的核心是探究。 (幻灯片显示科学探究的基本过程)	学生自己总结出科学探究的基本过程	反思寻找答案的过程,学生将自身已获得的经验和方法加以系统化,为今后的科学探究活动理顺思路,作好铺垫,突出重点。	5分钟

	教学程序设计			
目标的巩固	随即又做了"黑匣子里面有什么"的探究活动,体味刚才新学的科学探究的一般思路。	同学们可以依据刚才科学探究的思路进行猜测判断。	巩固科学探究的基本过程。	5分钟
自由的讨论	让学生和小组成员交流自己在日常的学习和生活中的探究经历。	互相讨论,和小组成员进行交流	同学们在探究未知的事物时,或许已经不知不觉地运用到了科学探究的基本环节,当再次通过课堂上的探究活动将其理顺并强化时,必然使学生产生一种愉悦的心理感觉,并学会与人交流。	2分钟
主题的升华	爱因斯坦说,一个问题的产生通常要比它的结论的更为重要。因为提出一个新问题,需要带有创造性的想像力。指导同学们养成良好的习惯,把生活中观察到的感兴趣的问题提出来,并记录下来。以鱼为例,我们可以提出许多问题,"为什么鱼在水里游,而不在陆上走","鱼从哪里来的","鱼的眼睛为什么不能闭上","鱼怎样分公母"等,再一次提出寻找问题背后的答案就是科学探究的主题。	感悟	名人名言激励学生善于发现并提出问题,培养学生的问题意识,让学生知道科学问题的来源是对日常所接触的各种事物的好奇心。	2分钟
课后延伸	安排课后探究活动: 1. 教室用的黑板表面能做得很光滑吗? 2. 怎样根据人脚印的长度来判断人的身高?	进行有个性的试验设计	发散思维,把学习兴趣延伸到课外,调动学生进行科学探究的积极性,使学完的知识得以反馈和迁移。	1分钟

【活动评述】

老师按照科学探究的思路来上"科学探究",引发学生积极的认知感应及予以指导,选取学生比较熟悉的、感兴趣的探究主题,以分组探究的形式,培养学生合作交流的精神,设计的探究活动充分利用学校资源——物理光学实验室,使学生学习更容易,引起学生对实验的兴趣,为学生提供一个很好的学习环境,充分体现学生的主体地位,在教学过程中,充分利用多媒体辅助教学手段,使得教学内容和过程更具有直观性。

(北师大深圳南山附中 李加力)

兴趣是最好的老师

【设计理念】

本教学活动设计主要是让学生运用放大镜观察、探究蜗牛的外部形态结构、运动方式和生活习性,同时激发学生的学习兴趣,培养观察技能,并对蜗牛的各个方面提出自己感兴趣的问题,且能选择适合自己探究的问题进行探究。兴趣是最好的老师,只有兴趣,才能使学生在科学道路上不畏艰难,百折不回,孜孜不倦地上下求索。

【活动目标】

1. 知识与技能:初步学会借助放大镜观察,依据一定的次序观察生物等基本技能,初步学会用简单表格、图画和文字等方式记录观察笔记;通过观察和讨论,能说出蜗牛具有眼、口、壳、足、触角等外部结构,知道蜗牛具有视觉、嗅觉、触觉,没有听觉,明白蜗牛能对一定的刺激作出反应,知道蜗牛依靠感觉和足四处觅食等生活习性。

2. 过程与方法:经历科学探究的一般过程——提出问题→建立假设→实验探究→收集和处理事实→得出结论,使学生知道一种探究问题的思维程序;初步学会提出假设,控制试验条件、设置对照等设计试验的方法。

3. 情感、态度、价值观:通过观察蜗牛的体验,引导和推动学生开展寻访、调查、观察、研究小动物的活动,鼓励学生亲近、关注和爱护周围环境中的小动物,激发珍爱生命的情感;激发科学兴趣,感受实事求是的科学态度;引导学生愿意与他人合作并交流想法,学会倾听其他同学的想法和建议。

【活动准备】

学生课前捉到的蜗牛,盛放蜗牛的容器(玻璃缸)、放大镜、玻璃板、沙土、水;供蜗牛选择的食物(菜叶、面包、鸡蛋、苹果皮等);供学生实验用的啤酒、醋、干纸、湿纸、特制纸盒等。

【活动过程】

教学流程:情景导入——组织讨论——动手实践——交流汇报——数据显示——延伸探究。

一、创设情境,激疑生趣

1. 练习使用放大镜:让学生用放大镜观察头发、指纹、课本上的字,直到都能清晰地看到为止。

2. 揭示本节课的观察对象:猜谜语的方法——名字叫做牛,不会拉犁头,说它力气小,背着房子走(打一动物)。

二、学生自由探究、研讨——观察蜗牛的外部结构和运动方式

1. 请学生运用桌上的器材,仔细观察蜗牛,看你们能发现什么?

2. 探究:学生手中有了放大镜和蜗牛,自然而然投入到探究活动中,5—10分钟内,教师只需到各个小组观察学生的活动,与学生一起观察、探究,用"你是怎么想的""你怎么认为""你能不能再看看,加以肯定"等语言启发学生的思维。

3. 记录观察笔记。

蜗牛的观察记录	
组别:　　　　姓名:	时间:
外部形态特征	
运动特点	
你还发现哪些情况?	
你还有哪些疑问?	

4. 交流探讨:通过刚才的活动,你发现了蜗牛的什么?请同学们发言。教师通过提出问题引导学生的研讨朝中心问题靠,如:蜗牛的生活环境、蜗牛的外部形态和结构的名称,各结构有什么作用?蜗牛是如何运动的?蜗牛靠什么运动?蜗牛为什么要四处爬行啊?在学生交流期间,教师进行肯定、鼓励,并利用课件配合讲解有关难度较大的问题(身体的构造等),并帮助整理知识和技能,如:观察要细心,要有目的,要按一定的顺序,要动用多种感官,要做好观察记录,可以借助仪器等。

三、学生进一步合作探究、研讨——观察蜗牛的生活习性

1. "你想了解蜗牛的哪些方面?还有没有新的疑问?"同学们提出刚才在观察过程中产生的一些还没有解决的问题。

2. 学生发散思维并可能产生各种各样问题,如:"蜗牛是怎么孵化出来的?""蜗牛喜欢吃什么?""蜗牛的粪便是怎么排出来的?"

(1)明确探究方向:选定其中几个当堂研究,如:"蜗牛有听觉吗?""蜗牛有视觉吗?""蜗牛有嗅觉吗?"

(2)师生共同研究:因为是第一次对生物体设计一些实验进行观察,所以老师以"蜗牛有无视觉"为例共同设计方案进行实验。

(3)小组合作探究:对小组进行分工,请各小组选择一个重点实验,有时间空余再做其他的。最后教师组织小组交流汇报,并适当整理知识。

探究活动工作单	
组别:　　　　姓名:	时间:
你们想探究的问题是什么?	
你们的猜想是什么?	
你们需要那些实验器材?	
你们的探究过程是怎么样的?	
你们观察到的实验现象是怎么样的?	
你们能得出什么结论?	
你们还有什么问题?	

四、综合应用事实,解决实际问题

1. 蜗牛与鱼翅、鲍鱼并列为世界四大名菜,有人要养殖蜗牛,你能为蜗牛建一个"幸福"的家吗?

2. 展示情景:江苏启东市 2002 年 6 月一项调查显示,当时正值梅雨季节,地面湿润,气温偏低,蜗牛对该市的黄豆普遍危害严重,点出农业上要防止蜗牛的危害。讨论:我们应该如何对待实验后的蜗牛?

五、课后继续探究

1. 课后搜集有关蜗牛的资料。

2. 以"假如蜗牛没有壳"为题,写一篇短文。

3. 设计实验探究,如:"蜗牛喜欢向前爬还是向后爬?""蜗牛是一个小动物,它要不要呼吸?"

（北师大深圳南山附中　李加力）

演示实验教学中探究性的应用

【设计理念】

在中学科学教学中,演示实验是帮助学生在感性上理解学习的知识,促使学生获取知识,掌握应用所学知识的重要教学手段,长期以来,在理科教学过程中备受重视。然而,大多数教师出于诸如安全、规范、科学等种种因素的考虑,一直沿用着"母鸡带小鸡"的方式——由教师操作,学生观看,从现代教学的理念来看,这种教学方式没有让学生成为学习的主体,不利于培养和发展学生的能力。在浙教版第四册《科学》"植物的呼吸作用"一课上,我尝试着进行"改演示实验教学为探究性演示实验"的教学,取得了较好的效果。

【活动目标】

1. 理解植物呼吸作用的原料和产物,并能解释生活中的现象并知道通过实验方法来验证。

2. 通过活动,初步学会合作学习,主动学习,培养科学的实验态度和精神。

【活动准备】

1. 分组实验准备

在课前一周,将学生分为三个小组,每组四人共同探讨同一个演示实验。要求每组学生充分预习课本,熟悉书本中实验的原理,操作步骤等,从不同的渠道收集与演示实验有关的资料。

第1组探究种子和叶片在呼吸作用中是否吸收氧气;

第2组探究种子和叶片在呼吸作用中是否释放二氧化碳;

第3组探究萌发的种子在呼吸作用中是否放热。

2. 分组设计实施实验

要求每一个实验探究小组,根据科学实验的方法设计对照实验。各小组经过讨论研究设计出了各自的实验方案。

第1组:设A、B两组对照实验。A组:取甲乙两个分别装有萌发种子和煮熟种子的广口瓶,密封放置3小时。B组:同样取两个分别装有萌发种子和煮熟种子的广口瓶,密封放置48小时。

第2组:设A、B两组对照实验,实验装置同课本上的装置。与教材上不同的是在实验中设置了萌发种子和煮熟种子的对照以及萌发种子放置时间长短的对照。

A组:取甲乙两个分别装有萌发种子和煮熟种子的广口瓶,广口瓶上连接气体排放装置,两瓶均放置 3 小时。

B 组:实验装置同 A 组,时间延长至 48 小时。

第 3 组:设 A、B 两组对照实验。

A 组:取甲乙两个暖水瓶,分别装有萌发的种子和煮熟的种子,两瓶均插上温度计,放置 3 小时。

B 组:实验装置同 A 组,时间延长至 60 小时。

【活动过程】

第一板块:激发兴趣,引入课题

以探究"植物体是否和人、动物一样在不停进行呼吸作用"为切入点,请三个小组的同学分别展示他们设计的实验并解释其实验所产生的现象,同学们可根据他们的演示实验提出问题。

第二板块:自主探究,交流汇报

1. 第 1 组演示并解释实验现象

操作:把点燃的蜡烛分别放入广口瓶中

现象:A 组:甲瓶中的蜡烛先熄灭,乙瓶中的蜡烛继续燃烧

B 组:甲、乙两瓶中的蜡烛均熄灭

解释:A 组的实验结果证明萌发的种子呼吸作用过程中吸收了氧气;而 B 组的实验现象证明煮熟种子因放置时间过长产生了大量细菌,吸收了瓶中的氧气。

2. 第 2 组演示并解释实验现象

操作:向与广口瓶连接的漏斗中注入清水

现象:A 组:甲瓶中的气体能使澄清的石灰石变浑浊,乙瓶中的气体不使石灰石变浑浊;

B 组:两瓶均使澄清石灰水变浑浊

解释:A 组的实验结果证明萌发的种子呼吸作用过程中放出了二氧化碳;B 组的实验结果证明放置时间过长,煮熟的种子产生了细菌,放出了二氧化碳。

3. 第 3 组演示并解释实验现象

操作:请两名同学当场读出每个温度计的读数

现象:A 组中甲瓶的读数明显高于乙瓶

B 组两瓶的读数接近室温

解释:A 组甲瓶内的种子呼吸作用旺盛,放出的热量多;B 组甲瓶中的种子因时间过长而死亡,不进行呼吸作用,不放出热量。

第三板块:分析讨论,切入主题

最后学生通过分析三个实验得出呼吸作用的反应式。教师总结,植物体也有呼吸作用,呼吸作用过程中吸收了氧气,放出了二氧化碳,分解有机物,释放能量。

【活动评述】

1. 从整堂课来看,演示实验探究性的应用极大限度地调动了学生参与课堂的积极性,打破了教师演示学生看,教师讲学生听的教学模式,较好地体现了教学过程中教师的主导作用和学生的主体作用。实践证明,教师有"心",学生有"利"。在教师的精心引导下,提供给学生实验器材和空间,学生可以设计实施令你惊叹的实验方案。更重要的

是学生的综合素质提高了(即思维、动手、观察、想像、创造、分析、综合时的能力升华)。

2. 讨论研究是探究性演示实验的主线,有问有答有争论,课堂研讨气氛热烈。这样的教学过程能潜移默化地强化学生科学素质,为将来从事科学科研工作奠定基础。

3. 从整个实施过程来看,学生们始终发扬了团结协作的精神。课前准备阶段,分工明确,如查阅资料、设计方案、组装实验装置等均有专人负责。而课堂上的演示也是责权分明:两人操作,一人讲解,一人补充。这样的教学过程提供了培养学生团结协作精神、集体精神的好机会。

4. 教学效果的检验:我在课后的一个月对该班进行了一次口头测试,随机抽取了10位同学,提出了如下几个问题:① 你对该节是否还有印象？② 该节演示实验中出现了哪些现象？③ 植物体在呼吸作用中需要什么？产物是什么？能量是如何变化的？④ 如果要你做这样的实验,你将如何制定实验方案？并要求以最快的速度回答出这些问题。结果 90% 的同学能迅速回答出所提问题,只有一位同学不能制定出自己的实验设计方案。同时,我对我所教授的其他没有进行演示实验探究性方式应用的班级进行了同样的测试,发现只有 30% 的同学能够迅速回答出所提问题,其余的同学显然没有思考过这方面的问题,没有形成一种创新思维。以上测试充分说明了新的教学方法对于使学生形成创新思维,提高学生的学习效率是行之有效的。

5. 教学应用中的不足。虽然在本节课中应用演示实验探究性教学具有上述优点,但在实施过程中,我也发现还存在着不足:积聚创造性和想像力的学生设计出的某些实验方案尽管有创新性,但无法适应课堂演示的时间要求以及实验器材上的到位。怎样做到让更多的学生参与到演示实验的探究性应用中来,不仅要在实验教学方式上创新,同时应注重基础知识的掌握,这也是我们在以后的教学中需要继续探究的问题。

(北师大深圳南山附中　彭伟林)

北京大学出版社
教育出版中心 精品图书

21世纪教育科学系列教材

书名	作者	价格
现代教育技术——信息技术走进新课堂	冯玲玉 主编	39元
教育学学程——模块化理念的教师行动与体验	闫祯 主编	45元
教师教育技术——从理论到实践	王以宁 主编	36元
教师教育概论	李进 主编	75元
基础教育哲学	陈建华 著	35元
当代教育行政原理	龚怡祖 编著	37元
教育心理学	李晓东 主编	34元
教育计量学	岳昌君 著	26元
教育经济学	刘志民 著	39元
现代教学论基础	徐继存 赵昌木 主编	35元
现代教育评价教程	吴钢 著	32元
心理与教育测量	顾海根 主编	28元
高等教育的社会经济学	金子元久 著	32元
信息技术在学科教学中的应用	陈勇 等编著	33元

教师资格认定及师范类毕业生上岗考试辅导教材

书名	作者	价格
教育学	余文森 王晞 主编	26元
教育心理学概论	连榕 罗丽芳 主编	35元

21世纪教师教育系列教材·学科教学论系列

书名	作者	价格
新理念化学教学论	王后雄 主编	38元
新理念科学教学论	崔鸿 张海珠 主编	34元
新理念生物教学论	崔鸿 郑晓慧 主编	36元
新理念地理教学论	李家清 主编	37元
新理念历史教学论	杜芳 主编	29元
新理念思想政治（品德）教学论	胡田庚 主编	32元
新理念信息技术教学论	吴军其 主编	30元

21世纪教师教育系列教材·学科教学技能训练系列

书名	作者	价格
新理念化学教学技能训练	王后雄 主编	28元
新理念思想政治（品德）教学技能训练	胡田庚 主编	26元
新理念地理教学技能训练	李家清 主编	32元
新理念生物教学技能训练	崔鸿 主编	29元

王后雄教师教育系列教材

书名	作者	价格
教育考试的理论与方法	王后雄 主编	35元

21世纪引进版精品教材·研究方法系列

书名	作者	价格
教育研究方法：实用指南	[美] 乔伊斯·高尔 等著	78元
高等教育研究：进展与方法	[英] 马尔科姆·泰特 著	25元
社会研究：问题方法与过程（第三版）	[英] 迪姆·梅 著	32元
比较教育研究：路径与方法	[英] 贝磊 等主编	50元
比较教育中的话语形成	[德] 于尔根·施瑞尔 主编	58元

21世纪教学活动设计案例精选丛书（禹明 主编）

初中语文教学活动设计案例精选	23元
初中数学教学活动设计案例精选	24元
初中科学教学活动设计案例精选	22元
初中历史与社会教学活动设计案例精选	26元
初中英语教学活动设计案例精选	19元
初中思想品德教学活动设计案例精选	20元
中小学音乐教学活动设计案例精选	22元
中小学体育（体育与健康）教学活动设计案例精选	20元
中小学美术教学活动设计案例精选	29元
中小学综合实践活动教学活动设计案例精选	22元
小学语文教学活动设计案例精选	25元
小学数学教学活动设计案例精选	33元
小学科学教学活动设计案例精选	23元
小学英语教学活动设计案例精选	18元
小学品德与生活（社会）教学活动设计案例精选	24元
幼儿教育教学活动设计案例精选	36元

21世纪特殊教育创新教材·理论与基础系列

书名	作者	价格
特殊教育的哲学基础	方俊明	29元
特殊教育的医学基础	张婷 等	32元
特殊教育学	雷江华，方俊明	33元
特殊儿童心理学	方俊明，雷江华	31元
特殊教育史	朱宗顺	36元
特殊教育研究方法	杜晓新，宋永宁	33元
融合教育导论	雷江华	28元
特殊教育发展模式	任颂羔	36元

21世纪特殊教育创新教材·发展与教育系列

书名	作者	价格
视觉障碍儿童的发展与教育	邓猛	33元
智力障碍儿童的发展与教育	刘春玲，马红英	32元
学习困难儿童的发展与教育	赵微	32元
超常儿童的发展与教育	苏雪云，张旭	31元
听觉障碍儿童的发展与教育	贺荟中	32元
自闭症谱系障碍儿童的发展与教育	周念丽	27元
情绪与行为障碍儿童的发展与教育	李闻戈	32元

21世纪特殊教育创新教材·康复与训练系列

书名	作者	价格
特殊儿童应用行为分析	孙霞	29元
特殊儿童的美术治疗	杨广学	38元
特殊儿童的心理治疗	王和平	32元
特殊儿童的感觉统合训练	胡世红 等	38元
特殊儿童的音乐治疗	贺荟中	32元
特殊儿童的游戏治疗	周念丽	26元
特殊教育的辅具与康复	蒋建荣	29元
智障学生的职业教育模式	黄建行，雷江华	32元